新装版

コペンハーゲンの街角から

小さな大国 デンマークに暮らして

Bindeballe

目次

はじめに……8
デンマークに暮らして……11
■暗く、温かい光……11
■始めての海外生活へ！……13
■おとぎの国か現実か？……14
■コペンハーゲンの人間模様……18
■ネクタイを締めないデンマーク人……22
■チボリ公園……23
■コペンハーゲンのアパート……26
デンマーク王室の風景……29
■デンマーク王室の人々……29

■マルグレーテ二世女王、六十歳のバースデー……………… 30
■なぜデンマークの女王は防弾ガラスに守られていないのか？……… 31
■現代の民主主義国家になぜ王室が存続するのか？……………… 33
■女性も王位に就けるが…………………………………… 35
■マルグレーテ二世女王のお母様、逝去…………………… 38
■女王がタバコを吸いまくるのはなぜ許されるのか……………… 40

デンマーク人について知る

デンマーク人について知る……………………………………………… 43
■権威主義を嫌う……………………………………………… 43
■「当然」座れるバス、電車…………………………………… 46
■なぜデンマークの赤ちゃんはかわいいのか…………………… 48
■驚きの犬事情……………………………………………… 52
■デンマーク語が外国人に難しいのはなぜか…………………… 55
■デンマーク人の英語………………………………………… 58

■デンマーク人と外国語 …… 61
■デンマーク人のドイツ語力 …… 63
■なぜ買売春や同性同士の結婚が認められるのか …… 65
■なぜ日本では買売春や同性同士の結婚が認められないのか …… 67
■夫婦別姓 …… 70
■恥ずかしがらない …… 71
■国旗に寄せる思い …… 73

デンマークの社会と経済 …… 75

■車を買うなら百八十％の消費税！ …… 75
■ビンのデポジット …… 79
■森 …… 81
■お客様が神様？ …… 83
■デンマーク人のラッピング …… 86

■デンマーク人はなぜ三十歳になっても学生なのか……88
■デンマーク人はなぜ働くのか……90
■デンマークの経済……94

デンマークの対外関係……99

■日本大使館に勤めて……99
■日・北欧首脳会議と日本外交……101
■日本にとっての対デンマーク外交の意義……103
■デンマークの外交……105
■国際政治における小国の存在感……107
■デンマークの対外援助政策……110
■ユーロに「ノー」……113
■ユーロよりクローネ……117
■ＥＵに対する「警戒感」……119

■ピーターセン外相とその辞任 …… 122
■二〇〇二年後半・EU議長国 …… 124
■EUとデンマークの近未来 …… 128

デンマークの文化 …… 130

■デニッシュ・デザイン …… 130
■北欧デザインが魅力的なのはなぜか …… 133
■食事 …… 136
■スケーエンの光と絵画 …… 140
■日本美意識とスケーエン派 …… 142
■デンマーク人アーティストが売れる理由 …… 144
■クリスマスとその後 …… 146
■なぜクリスマスが定着したか …… 147
■国教キリスト教とデンマーク …… 149

■デンマークのサッカーチームとローリガン……153

デンマークの長い橋と大きな島……156

■ロイヤルコペンハーゲンの三本のブルーライン……156
■オアスン・リンクわたりぞめ……158
■グリーンランドとはどんなところか……161
■グリーンランド今昔……163
■グリーンランドの自然……167

あとがき……170
再刊行にあたって……172

はじめに

デンマークのことといっても、普通の日本人はあまり知らない。「どこにあるんですか?」とか、「何語を話しているんですか?」という何も知らない人から、「社会主義国なんだよね?」という何か聞いたことはあるようだがやはり全く知らない人まで、結局みんな何も知らないといってもよいくらいである。福祉や教育制度などを始めとして、日本でもデンマークを研究する研究者は少なくないが、人口約五百万人（現在は五八〇万人、以下本文中同じ）の小国である。イギリスの十分の一、日本の二〇分の一、アメリカの五十分の一の人口に過ぎない。遠いデンマークの経済がどうなろうと私達の生活に大きな影響があるというわけでもないから、ニュースにデンマークが登場することはまずない。一般の日本人には、重要で身近な存在ではないのである。

昨年のワールドカップではデンマークもベスト十六入りしたのだが、ベッカム選手のいるイングランド惨敗してしまったから、それほど日本人の記憶にも残っていないだろうと思う。

私もデンマーク人の前で、「デンマークのような小さな国が…」などと思わず発言し、「しまった」と思ったことがある。しかし、案外、当のデンマーク人もそんなことは今さら当然という風で気にもしない。東京にあるデンマーク大使館のある外交官は、「日本でデンマークの本なんて売れないよ。日本人はデンマークのことなんか知らないから」と私に言った。「デンマークのことをPRするのがあなたの仕事だろう」と内心思ったけれども、その言葉の通りなのかも知れない。

しかしながらデンマーク人は、心のどこかで、「小さいけれども…」と思っているのである。私自身もそう思う。援助や平和維持活動などの国際協力、環境政策、インテリアや建築などのデザインなどの様々な分野において、デンマークは世界の中で確固とした存在感を確立している。そして国の規模に関わりなく、デンマーク人は、魅力ある女王と、歴史と豊かな社会に誇りを持って楽しく暮らしている。

私は一九九九年から二〇〇一年にかけて、在デンマーク日本大使館に勤務した。小さな国に住み、働けたことは、私自身にとって、貴重な経験となった。九〇年代、日本が「失われた十年」から脱却できず、新たな世紀を迎えてもなお、外務省における数々の犯罪行為・不祥事に象徴されるように、日本の政治、経済、社会が混乱と停滞、頽廃のただ中にあり、将来への展望が描けない閉塞感の中にあった。デンマークに住み、大使館という日本国を駐在国で代表する組織において働くことで、日本という国について改めて考えさせられた。

そうした時代に、小さいながらも存在感のある、そして多くの面で日本とは対照的であり、あるいは日本とも社会的共通課題の多いデンマークについて、そして日本について感じたこと、考えたことを、記しておきたかった。

一般的に言って、外国のことについて知ることは、自国とは異なる物事の見方や考え方を得るという意味でとても重要である。留学や駐在といった形で海外経験を有する日本人は全く珍しくはないけれども、日本においては、外国といえば何といってもアメリカの存在感が大きく、ヨーロッパ諸国の中ではイギリスやフランスという大国が続くが、それらの国にはない光る点がデンマークにはある。それが本書を執筆した動機である。

本書は私が二年間のコペンハーゲン生活において感じた、デンマーク社会やデンマーク人に対する印象について、そして日本について、テーマを絞らず、雑多に書き連ねたものである。個別のテーマについて、専門家の立場からは知識の欠如や不正確な分析に批判があると想像する。ご意見、ご批判は是非いただきたい。しかし、国や社会のある面だけを取り上げて論じても、総体としてのデンマークを見ることにはならないと思うし、逆に専門的な分析は各分野の専門家にお任せするしかない。少なくとも、デンマークという存在があることを多くの日本人に少しでも知ってもらえれば、筆者としては幸いである。

デンマークに暮らして

暗く、温かい光

一九九九年十月某日、私は生まれて初めてコペンハーゲンにやってきた。関西空港からフランクフルト経由でやってきたため、到着したころにはすでに夜。暗い。緯度の高い北欧では十月にもなれば、昼の時間がかなり短いことは予想していたが、夜だから暗いという以上に、街の照明の暗さが何よりもまず印象的だった。コペンハーゲン中心部へ向う車の中からみた夜の街の暗く寂しい感じを、今でもよく覚えている。

しかし、すぐ後になってわかったことだが、ヨーロッパではデンマークに限らずどこでも、街灯や家の中の照明に蛍光灯をあまり使わない。電球ばかりなのだ。だから、日本でも電球や電球色の蛍光灯が以前より多く使われるようになってきたとはいえ、やはり蛍光灯が中心の国からやってきた者にとっては、ヨーロッパの照明は暗く感じる。

なぜ蛍光灯ではなく、電球なのか。電球は蛍光灯より電力を食う。日本では省エネのためもあって電球型の蛍光灯も使われるが、電球より高価である。聞けば暗い照明は他の白人系の諸国でも同じだという。白人は目の色素が日本人などにくらべて少なく、瞳は青や茶色といった薄い色だから、日本人の黒い目のように光を遮ることができないということだろう。日本人の黒い目は、いわばサングラスをかけて光を遮っているようなものだから、私たちは強い光でもまぶしくないのかもしれない。しかし、白人であるデンマー

デンマークのカフェ。温かく、優しい光に包まれて過ごす時間。

ク人の青い目には、弱い光でもおそらく十分明るいのである。

しかし、照明の光が「弱い」ということより重要なのは、電球の光が「温かい」色だということである。電球のオレンジ色の光は、街を、室内を、温かい雰囲気にしてくれる。長く厳しい冬の間、室内で過ごすことの多い北欧の人々にとっては、その部屋を温かい雰囲気に保つことがとても重要になる。デンマーク人は電球に加え、ろうそくキャンドルもよく使う。ろうそくなんて停電したときなどの非常用の明かり程度にしか考えていなかった私にとって、家の中でもカフェでもろうそくの光が当然のようにゆらめいているのは、かなり新鮮だった。少し暗いのに慣れれば、電球の光は蛍光灯の真っ白な光にくらべはるかに温かく、寒々しい蛍光灯で部屋の隅々まで照らしだすことは不要に思えてくるし、ほの暗いろうそくの炎とその光のゆらめきも、なんともいえない存在感と味わいがある。

それに、デンマークには古い建物が多く、蛍光灯でこうこうと古い部屋を照らしだすなんてことをすれば、汚れが目につくだけかもしれない。しかし電球やろうそくなら逆に趣のある雰囲気をかもしだしてくれる。ともあれ、こうして私も蛍光灯のない優しい光のもと、コペンハーゲンでの二年間を過ごすことになった。

（注）今日ではデンマークでも白熱球はあまり使われず、LED照明が一般的である。

始めての海外生活へ！

コペンハーゲンに到着したとき、私が持っていたのはスーツケースともう一つの大きな旅行用バッグだけだった。単なる旅行ではなく、それから二年間、「住む」には荷物は少なかったかもしれないが、せっかく初めて海外生活をするのだから、日本のものに囲まれて生活するより、デンマーク一色の暮らしをしてみたかった。ヨーロッパでは家具・家財つきのアパートが多いらしいから、そういうところに住めば家財を日本から送る必要もないだろう。十月という不動産物件の動きも少ない時期だったが、幸いなことに家具・家財一式がそろったアパートが赴任後数日でみつかり、コペンハーゲン生活は無事スタートすることになった。

アパートからオフィスまでは徒歩で約十五分。後には自転車通勤をすることになるが、当初は徒歩で通った。十月のコペンハーゲンはすでに寒く、冬である。毎朝、まだ暗いうちからコペンハーゲナー（コペンハーゲンの住人）たちは、冷たい空気が張り詰める中を、黙々と通勤する。ある人は自転車で、ある人は歩いてオフィスまで向う。ある日本人旅行者が冬の朝、ホテルの窓から真っ暗な中を黙々と自転車で通勤するデンマーク人たちをみて、恐ろしい光景だったと書いているのを読んだことがある。しかし、暗くて寒いながらも、空気が凛と張りつめているようなその雰囲気が私は好きだった。それに、自分が彼らの自転車の群れの一員になるのである。レンガづくりの古い建物に囲まれた、石畳の裏通りを歩いてオフィスまでむかうとき、まさに自分がいま、ヨーロッパにいることを実感させてくれた。

（注）後にデンマークから帰国した時に、東京駅から降りたつダークグレーのサラリーマンの群れの方が恐ろしく感じられた。

おとぎの国か現実か？

コペンハーゲンの街並みは、東京やニューヨークのように高層ビルが林立するわけではなく、かといってパリやウィーンのように風格ある重厚な建物が立ち並んでいるというわけでもない。デンマーク国会議事堂の建物は立派だが、たいていの建物はそんなに大きくはなく、煉瓦づくりの五階建て程度のものが多い。コペンハーゲンに限らず、デンマークではどこの都市・街にもそれぞれの地区ごとに建物の高さ制限や古い建物の概観を維持しなければならない義務など、建築制限があるからである。コペンハーゲンでは建物の屋根の大半がオレンジ色で、ちょっと高い建物から街を眺めると、きれいにオレンジ色にそろっている。また、建物の壁は黄色や青、赤に塗られ、いかにもデンマークという感じのかわいらしさがある。

気品や風格とかいったものもないわけではないが、落ち着きとか素朴さが感じられる街並みである。

きっと、暗く長い冬が続くデンマークでは、例えばパリのように白い大理石をそのまま建物の外壁に使ったり、エーゲ海の島々のように、白亜で建物を統一すると、あまりに寒々しくなるのだろう。赤や黄色、青といったカラフルな色使いはメルヘンチックだが、それがかえって優しく温かいデンマーク人の国民性を感じさせてくれる。

けれども、体格が立派で（北欧人はいうまでもなく長身であって、小さくかわいくはない）、きわめて現代的な生活をしている（たとえば携帯電話やインターネットの普及率は世界でトップレベル）デンマーク人が、こんな童話の中のような世界で実際に生活していることに、当初私はギャップも感じたのだった。あの体格ならもっと広々した立派な建物に住んでもいいだろうし、あんな古い建物だと、高速データ通信用の配線も敷設しづらいのではないか、などと思ったものである。

しかし、そもそも人口密度の小さいデンマークでは、コペンハーゲンのような市街地であれば建物も密集しているが、すこし郊外に行けば平坦な国だから、土地はあり余っているようにみえるし、建物だって広々とした敷地に建っているのである。

そして、街中の古い建物は、現代生活に不便のないようによく手入れされている。たとえば、私が住んだアパートはコペンハーゲンの中心部にある築三十年くらいの建物だったが、部屋の外も内もよく手入れされており、古臭さはまったく感じなかった。私のアパートにかぎらず、デンマークのアパートに、「新築」というのはあまりないようだ。もっとも、デンマークに限らずヨーロッパはどこでも、古い建物が多く残っており、使われている。きっとヨーロッパは地震がほとんどない地域が多いために、古い建物でもいつまでも壊れずに残るという物理的な理由や、木造よりも火災に強く、そのため長く残るということもあるかもしれない。もちろん、古いものを大切にする国民性もあるだろう。

地震や火災によって破壊されにくいとはいえ、やはり古い建物は傷むし使い勝手が悪くなってしまう。しかしデンマークの人たちは建物の維持・管理に熱心である。コペンハーゲンには、きれいでおしゃれなショーウィンドーのある店が並び、上の階をよくみなければ、それが古い建物であることに気づかないかもしれない。古い建物をそのまま残し、一階部分だけを改装して新しい店をつくっているわけだ。

私は建築の専門家ではないから、デンマークの建物がなぜ長持ちするのか建築学的な面からはなんともいえない。日本にも法隆寺のように千年以上も朽ちずに残っている建物はある。その理由はわからないが、日本だってやろうと思えば長持ちする建物を建てることは可能だろう。しかしながら、古いものを残そうとするデンマーク人と、新しいものを好む日本人の意識には明らかな違いがある。そのためデンマーク人は、建物を新築する場合でも、長い年月、ほとんど永遠に使用し続けることすらできそうな建物を考えるのに対し、日本人はそのような意識はあまりないように思う。家を買うなら百年以上たった古い家を買え、とデンマーク人はいう。なぜなら、そのくらい時間がたたないと、その家が本当に良い家かどうかはわからない、というのである。

日本の場合、百年も前とくらべると、いまの生活様式はまったく変わってしまっており、古い不動産はあまり使い勝手がよくない。また、ほんの二十年程度前に建てられたマンションだって、ゆとりのある広さの物件はあまり多くはないだろう。私も大学生になって以降、東京周辺の賃貸マンションに住んできたが、新しい物件は使い勝手がよく、きれいで「おしゃれ」である。

一方、デンマークでは百年どころか数百年の年月をへた建物すら、コペンハーゲンの中心部でも他の街でも、普通に使われている。ときどき、建物に「一八四五年竣工」などといった文字が刻まれているのをみると、そんなに古い建物なのかと感慨深いが、それらは特別な史跡などではなく、今でもたいていオフィスやアパートとして立派に現役である。私が勤務したコペンハーゲンの日本大使館から歩いて数分のところに、十七世紀に国王クリスチャン九世が建てたラウンド・タワーという眺めのよい塔があるのだが、そこからコペンハーゲンを一望すると、本当にどの建物も、一様に古いものばかりであることに気づく。

大使館の前の通りは石畳で、私の職場からも、毎朝訓練のために通りすぎていく王室の馬車の蹄の音が聞こえたものである。朝の静かな街に響く蹄の音は、いつまでも変わらぬ悠久の時間を刻むようでもあり、静かさと平和さをいっそう強く感じさせる。コペンハーゲンの人たちは、そのような街に住み、働き、憩い、生きているのであり、その中で共に生活することになった私は、はかりしれない幸福感につつまれたのである。

古い、すなわち過去の蓄積があるということは、それだけ多くの人たちの人生や感情がかつてそこにあり、刻み込まれ、その存在の上に現在の人たちの営みがあるということだ。自分自身も歴史の一部となって生きているのである。多くの時間の蓄積は、それだけで人間の感情を豊かにしてくれる。私が東京で住んだマンションが、ただ新しくてきれいなだけなのとくらべれば、デンマークのアパートに住むことの方が、ずっと奥深く、意味のあることのように感じられる。

時間が流れようとも、他の国々でどんな進歩があろうとも、この街は永遠にその姿を維持しつづけているようにみえる。もちろん、実際にはすべてが変わらないということはないが、少なくともそういう印象は受ける。それにくらべれば、日本の街は世の中の影響を直接受け、その移りゆくままに変わっていくだけのように思える。変化には失う悲しみがつきまとう。過去の記憶を失うことがどれほど私たちにとってつらいことか、バブルをへてずいぶんスマートで現代的になってしまった東京の街をみるたびに考えさせられる。

コペンハーゲンの人間模様

十月にデンマークに赴任してくるなんて、これから冬が長いのに、最悪だねとよく周囲の人たちにいわれたものだ。しかし、この寒さこそがデンマークらしさなのだと自分を納得させ、この国に対する大きな好奇心をもち、私はコペンハーゲンの街を歩いたものである。

古い街並みに加えて印象的なのは、そこに暮らすデンマークの人々であった。寒い冬なのに、カラフルな防寒着を着た幼稚園児くらいの子どもたちが、保母さんや保父さんにつれられて街を歩いている。笑顔がかわいく楽しそうだ。寒いのになぜ外をつれまわされているのだろうか。聞けば子どもは冬でも外気にあてなければならないという。たしかに長い冬の間、室内にこもりきりで日光を浴びないのは健康に悪い。

ピザ屋の前に駐輪(?)中の乳母車。冬に中で赤ちゃんが寝ていることも。

大きなベビーカーを押すお母さん、お父さんたちも多い。平日の昼間に男性がベビーカーを押して歩く姿が当たり前のように見られるのがいかにもデンマークらしいと感じる。また、赤ちゃんを育てるにはちょっと若い、学生のようにみえる女性も多いなと不思議に思ったが、実際には学生のベビーシッターが多いらしい。

ちなみに、デンマークのベビーカーは、日本のような赤ちゃんを座らせるのではなく、横に寝かすことができるタイプのもので、スーパーマーケットの大型のカートくらいあるだろうか。巨大である。きっと赤ちゃんは気持ちよく眠ることができるに違いないし、赤ちゃんも親もお互いの姿がよくみえるから、安心できるのが素晴らしい。それにフードもついているから多少の雨も平気である。さらに双子用のベビーカーで、二人の赤ちゃんを向かいあわせに乗せるもの、並べて寝かせられるものなどもある。

しかしそんなに大型のベビーカーでは小回りがきかず使い勝手が悪いんじゃないかと余計な心配をしたくなるが、首都コペンハーゲンでも日本の大都市にくらべれば人口密度は低いから、それほど邪魔になって困るということはないようである。商店やカフェの前の路上にはそんなベビーカーがいくつも駐輪(?)してある。誰も盗まないらしい。そこまでは平和でほほえましい光景である。しかしときどき、赤ちゃんがベビーカーに寝かされたまま放置されていることがあるのだ。これには正直驚いた。

たとえばこんなことがあった。ある冬の日曜日、私のアパートの中庭に紺色のベビーカーが放置されているのが窓からみえた。三十分ほどして、また窓から顔を出すと、あいかわらずベビーカーはそこにあった。少し気になって中庭に出てみてみると、なんとそのベビーカーの中で赤ちゃんがすやすやと眠っているのである。冬の室外に放置されるなんて何かおかしいと思ったが、どうしてよいのかわからずにいると、同じアパートの老夫婦が出かけるのだろうか、通りかかった。私は「あそこに赤ちゃんがおきざりにされているんですけど、大丈夫なんでしょうか。寒いのに風邪をひかないのでしょうか?」と尋ねると、その老夫婦は、意に介す様子もなく、「大丈夫よ。温かくしているもの」とだけいって立ち去ってしまったのである。おいおい!

これは店の前やアパートの中庭であって、室内ではない。寒いのに風邪をひかないのかと、こちらはヒヤヒヤさせられるが、体は温かくしているから大丈夫なのだそうだ。たしかに日本でも子どもは風の子というけれども。また、悪い人にさらわれたりしないのかと心配もするが、他のヨーロッパ諸国にくらべれば、まだ治安も悪くないということだろうか。

とにかく、赤ちゃんや子どもが街に多いように思えるのが、とくに東京からやってきた私にとってのコペンハーゲンに対する第一の印象だった。しかし同時に多いのはお年寄りである。かくしゃくとしたおばあさん、車椅子にのったおじいさん、デパートで買い物をする人、カフェでお茶を飲む人等々、さまざまなお年寄りがいる。そして、ただお年寄りだけ多いのが印象的だったのではなく、街に赤ちゃんも、子どもも、若者も、サラリーマンも、お年寄りも、さまざまな年齢層の人々がいるということが新鮮だった。

東京の話で恐縮だが、銀座を歩く人たちの年齢層は高めで若者はあまりいない。逆に渋谷や原宿には若者しかいない。巣鴨の地蔵通りはおばあちゃんばかりである。六本木や新宿の街を保父さんが子どもたちを連れて歩くという光景はみたことがないし、お年寄りも多いとは思えない。

それにくらべれば、幅広い世代の人たちが、混ざりあって暮らしているのがコペンハーゲンの特徴であろう。それに、ただ暮らしているのではない。車椅子だろうが、大きなベビーカーを押していようが、それがその人たちにとって行動を制約することはなく、赤ちゃんから老人まで、自然に、安心して街に出歩ける雰囲気がある。

私は兵庫県の都市近郊にある、新興住宅街の核家族で育ち、東京という大都市で働く二十代である。私と同じような経歴をもつ日本人は多いだろう。そういう人たちにとって、自分が住んでいる街で、赤ちゃんからお年寄りまで自然に共存しているという風景はあまり経験がないのではないか。それだけに、私にとって、コペンハーゲンのほのぼのとした雰囲気は新鮮ではあると同時に、懐かしいような不思議な気持ちにもさせてくれた。

ネクタイを締めないデンマーク人

街に赤ちゃんからお年寄りまで広い年齢層の人たちが共存していることもあってか、コペンハーゲンではいわゆるビジネスマンの姿が多くないようにみえる。いや、正確には、日本のようにスーツを着てネクタイを締めているために、一目でビジネスマンとわかる姿がとても少ないだけなのである。企業や役所で働く人は当然街の中にあふれているはずだが、日本のサラリーマンやOLのような「きちんとした」服装をしている人はほとんどいないのがコペンハーゲンなのである。

私は職務上、デンマーク外務省の人たちや大学などの研究者、それにジャーナリストなどと会う機会が多かったが、このうちネクタイを締めているのは外務省の人たちくらいで、学者などはこちらがある程度の格式とおぼしきレストランに誘ったとしても、まったくカジュアルな服装でやってきたりするのである。新聞記者なども、日本なら休みの日のような普段着という姿で現れたりするからこちらが驚いてしまう。しかしそんな記者が翌日の新聞には立派な署名記事を載せるのでる。

女性となると、これはもう外務省の役人であろうと国会議員であろうとますますカジュアル度が高い気がする。銀行の窓口も日本のように制服で統一されておらず、店員それぞれが好きな格好をしていてなんとなくほっとした気分にさせられる。

そんな形式にこだわらないというのか、服装に対して頓着しない考え方は、国会議員の服装によく表れている。デンマークのテレビではよく国会審議のようすを中継しているが、議員の多くがネクタイを締めておらず、セーターを着ていたりする。スーツを着てネクタイを締めているのは首相や大臣など少数派なのだ。国会議員でも町村議会議員でもほぼ全ての議員がフォーマルな服装で、ジーンズで議場に入ることなど許されない雰囲気のある日本とは非常に対象的だが、議員本来の役割である肝心の議論については、デンマークの方が形式にとらわれず、真剣な議論を行っているように思う。

なお、冬にデンマークに赴任して春が過ぎ夏を迎えると、ますますネクタイ姿の人たちは減っていく。長い夏休みをとる人も多いから、七月や八月は街からビジネスマンの姿がめっきり減るのと、そもそも暑い夏にネクタイなど締めようなどと誰も思わないのだろう。もっとも、デンマークの夏は日本の蒸し暑い夏とは比較にならないほど過ごしやすい。

デンマークにくらべるとはるかに夏の暑さが厳しい日本では、フォーマルな場であれば真夏でもきちんとネクタイを締め、スーツの上着を着ていなければならないような雰囲気がなぜかあるが、デンマーク人はそんな我慢や無理をまずしない。そんなことのために不必要なストレスをためずに、社会全体がリラックスしている一因にもなっているのだろうと思う。

チボリ公園

九歳から十六歳の少年たちによる鼓笛隊、チボリ（ボーイズ）・ガードが園内を行進する。北欧人らしい、凛とした容貌ながら初々しい少年たちの姿はほほえましく、その音楽とあいまって園内が明るく、そして同

チボリ・ボーイズが園内を行進。

時に清澄な雰囲気に包まれる。射撃で景品を狙う子どもたち、お父さんの肩車でステージのパントマイムを眺めるまだ小さい子ども、ベンチで日なたぼっこを楽しむ老夫婦。勇気があれば高さ六十三メートルから垂直落下するフリーフォールにチャレンジ。ビールを片手にデンマーク人は陽気にいつまでも明るい夏の夜を楽しむ。

世界初のテーマパークともいわれるチボリ公園こそは、デンマークに旅行するなら必ず訪れたい場所である。正直なところ、目立つ観光スポットにとぼしいデンマークでは、これほど特別な場所は他にない。それは平和で楽しくて、活気があるのに一方では落ち着きがあり、どことなく哀愁もただようなんとも形容しがたい雰囲気があって、つまるところデンマークらしさを感じられる場所である。それなのにディズニーランドやユニバーサルスタジオが遊園地だと思っている日本人観光客の中には、チボリ公園に期待を裏切られたと感じる人もいると聞く。ハイテクの絶叫マシンや映画の世界を体験させる世界中のテーマパークや遊園地と比較すれば、たしかにチボリ公園は異端かもしれない。

チボリ公園には、フリーフォールマシンやローラーコースターなどの絶叫系マシンもあるが、アラビアン・ナイトの世界を二人乗りのボートでゆっくり周りながら楽しむものや、アンデルセンの童話の場面を人形で表現した中を荷車のようなものに乗ってゆっくりと周る「空飛ぶカバン」など、子どもでも楽しめるほのぼのとしたアトラクションが多い。それに約三十軒のレストラン、コンサートホール、野外ステージ、パントマイム劇場、中国風の建物や和風の庭園、夏はボートに乗ったり、冬はアイススケートを楽しんだりできる池などがある。ちなみにこの池にすむ魚やカモなど水鳥の類は飼われているのではなく、野生の生き物である。また、園内の緑や色とりどりの花もたいへん美しく、印象的である。

そんな園内で、ただベンチに座って美しいチューリップの花を眺めたり、パントマイム劇場で女王陛下が創作された作品を鑑賞したり、友達とホットドックをほおばったり、シベリウス、ストラヴィンスキー、ラフマニノフなどが自らの作品を演奏したコンサートホールでチボリオーケストラの演奏を楽しむ、これこそがチボリ公園のチボリ公園たるゆえんであり、世界じゅうの人たちをひきつける魅力でもある。

そのうえこの公園、四月中旬から九月中旬の五ヶ月間と、十一月下旬からクリスマス前までの一ヶ月間だけしかオープンしない（冬季はクリスマスマーケットが中心）。チボリが閉演している間はなんだかちょっとさびしい。年じゅうこの雰囲気を楽しめるわけではないというところが哀愁をさそう。ただし、夏の期間は深夜（金・土曜日は深夜一時）まで営業している。北欧の夏は十一時ごろにならないと暗くならないから、遅い時間まで楽しめるというわけである。そして毎週水曜日と土曜日の閉演前には、色とりどりの花火が打ちあげられる。チボリは自前の花火工場を所有しているそうだから、その力の入れようがうかがえる。また、入場料は大人が七百円ほど。わざわざ入場料を支払って、園内のレストランで食事をする人だって多い（平日はビジネスマンの姿も多い）。

チボリ公園にまつわる数字をいくつか。チボリ公園は、一八四三年にオープン。二〇〇三年八月十五日には百六十歳の誕生日をむかえた。木製のローラーコースターは一九一四年製で古さゆえのスリルも味わえる。園内の装飾用の電球は夏季が十一万五千個（夏は白夜に近いので照明はあまりいらない）、クリスマス期間中が七十五万個。ネオンなどのけばけばしい照明はない。年間四百万人弱の入場者数は、ヨーロッパのアミューズメントパークの中では第三位をほこる。これは日本にもあるディズニーランドやユニバーサルスタジオ系列のテーマパークを除けば、世界でもトップレベルの入場者数なのだそうだ。一年の半分の間は閉演していることを考えると、立派なものである。また、季節営業のため、二千人以上の従業員の九割は学生などによるアルバイトである。なおチボリは有限会社で、デンマークの企業三社が主要株主。十株以上の株式保有者はシーズン・チケットがもらえる。世界各地にチボリを展開するチボリ・インターナショナル社もあって、日本の岡山県倉敷市にあるチボリ公園はその第一号である。

（注）　倉敷市のチボリ公園は二〇〇八年末に閉園した。現在のチボリ公園はハロウイーンの十月にも営業している。

コペンハーゲンのアパート

ご想像どおり、私がコペンハーゲンで住んでいたアパートは、それまで住んでいた東京のマンションにくらべれば、都心にありながら周辺部は自然にめぐまれ、デンマーク製の家具が備わった室内は落ち着きがあって、人間的で快適な生活ができるところだった。東京の住宅事情と比較すること自体悲しいことなのであまり書くのはやめる。

それはともかく、私がそれまで日本で住んでいたマンションにはなく、コペンハーゲンのアパートにあったものが、食器洗い乾燥機と衣類乾燥機だった。いずれも日本でも最近は普及してきているが、デンマークでは一人暮らし用のそれほど広くないアパートでも、そのような設備がたいてい備わっている点が日本とは異なる。また、家具とか家財というのではないが、オイル循環式のヒーターもほぼすべての建物に備わっている。

食器洗い乾燥機と衣類乾燥機は、いずれも家事の負担を軽減してくれるものなので、とくに私は一人暮らしだったからたいへん助かった。デンマークでは女性が専業主婦として家庭にずっといるということがまずないから、食器洗い機のような家電製品は必需品なのだろう（乾燥機は冬が寒くて長く、天気もよくないためか）。あるいは逆に、女性の社会進出がこれらの家電製品の需要を高め、日本にくらべてスペースにゆとりのある住環境もあいまって、これら大型家電の普及を促進させたという背景もあるかもしれない。

いずれにせよ、食器洗い乾燥機と衣類乾燥機が普及していることで（食器洗い機を使うと、手で洗い物をするより水道代の節約になるという点もあるが）、いずれも家事の手間をはぶけ、自分の時間がより多くもて、その分好きなことに時間が使えることになる。

なお、日本で普及している食器洗い乾燥機は、せまいキッチンにもおけるよう小型化されているが、デンマーク（あるいは欧米）で普及しているのは、そもそもシステムキッチンにあらかじめ組み込まれているものである。システムキッチンの設置には、ある程度スペースが必要だから、狭い日本の住宅には残念ながらなかなか普及しないのだろうか。

便利な家電製品をどんどん導入したりして省力化が進んだこともあってか、デンマーク人は自分の時間を日本人より多くもっているような気がする。その分だけ、自分たちの人生をより楽しんでいる。豊かであるとか、幸福であるとかいうことは、主観的なことだから、何かのものさしで判断できるものではないけれども、少なくともデンマーク人は、人生の豊かさとか幸せを追求するのに熱心だと思う。

もちろん、食器洗い乾燥機と衣類乾燥機さえあれば、豊かで幸せになるというわけではないが、うまく楽をして合理的に生きようというデンマーク人の姿勢が、食器洗い機一つにも現れているように感じる。

蛇足ながら、デンマークにかぎらず、ヨーロッパではどの家庭も電気ポットを使う。日本のものにくらべて驚くほど早くお湯が沸き、たいへん便利である。また、キッチンには電気コンロが多いが、これもガスなみに火力が強い。これらがパワフルなのは電圧が二百二十〜二百四十ボルトと日本の百ボルト（世界最低）にくらべて倍以上もあるためである。日本はいろいろな家電製品が普及している割には電圧が低すぎる気がするのだが、なぜなのだろう？

（注）コペンハーゲンなどの都市部では、地域熱供給が充実している。ここでは「オイル循環式のヒーター」と書いたが、今日では、温水がパイプを通ってアパートの各戸に供給され、給湯や暖房に使われることが多い。そのため、各戸で給湯機を持たないことが多い。地域でまとめて熱を供給することにより、またその熱源を再生可能エネルギーから得ることにより、環境に優しく、エネルギー効率の良い熱供給をデンマークでは実現している。

デンマーク王室の風景

デンマーク王室の人々

デンマークは王国である。現在の国王は女王マルグレーテ二世。一九四〇年生まれ。愛煙家で、そのため歯が黒い。しかし英語、フランス語、ドイツ語、スウェーデン語など七カ国語を話せるそうだし、ユーモアのセンスもある。だから公の席でスピーチをするときなどは来席の人たちを笑わせることがうまく、国民にはとても人気が高い。

マルグレーテ二世の夫君はヘンリック王配殿下。フランスのマリー・ジャン・アンドレ伯爵家出身の元外交官。マルグレーテ二世女王が在仏デンマーク大使館で勤務中に知り合った。女王はフランス語を話す。ヘンリック王配殿下もデンマークにきてからデンマーク語を学んだが、世界有数の難解さをほこるデンマーク語である。いつまでたっても王配殿下のデンマーク語はイマイチだとデンマーク人は批評している。妻があまりに素敵で大きな存在であるため、自分はやや目立たない存在だと、新聞社のインタビューで最近グチをこぼしたことが話題となった。

女王の長男がフレデリック皇太子（一九六八年生まれ）。二〇〇二年四月時点で独身。次男がヨアキム王子（一九六九年生まれ）。一九九五年に香港出身のアレクサンドラ妃と結婚した。デンマーク王室の、それも将来の国王の母となる可能性のある人物に、アジア人の血が入ったことになる。もし皇太子がアジア人の血の入った人と結婚することになったら、デンマーク国民はどう反応するだろうか、とか、アレクサンドラ妃はアジア人の血をひくといっても四分の三はヨーロッパ人なので受け入れられたのではないか、などいろいろな想像はできる。しかし少なくともデンマークは、ヨーロッパの中ではアジア人に対する蔑視や差別が少ないように感じる。

（注）ヘンリック王配殿下は二〇一八年二月一三日に逝去された。ヨアキム王子は二〇〇五年にアレクサンドラ妃と離婚。二〇〇八年にマリー妃と再婚した。

マルグレーテ二世女王、六十歳のバースデー

私のデンマーク滞在中、二〇〇〇年四月一六日に、そのマルグレーテ二世は六十歳の誕生日をむかえられた（女王は一九四〇年生まれ）。女王は毎年誕生日に他の王族の方々と共に、王宮のバルコニーから王宮広場に集まった国民に対して手を振られると聞いていたし、特に今回は六十歳ということで、ヨーロッパ各国の王族も一緒に手を振られるということだった。だから私もこれを一目みようと、職場の先輩ご夫妻と一緒に王宮まで出かけたのである。

しかし、予定時間の一時間も前にいけばいいだろうとの読みはあまりにも甘かった。王宮広場に続く道路までが国旗をもったデンマーク人ですでにいっぱいになっていて、王宮のバルコニー下などにはとてもとても近づけないという状況だったのである。ふだんは静かで、東京などにくらべればずっと人口密度の

少ないこの国で、よくこれだけ集まったものだと感心させられるほどの人出。結局、女王と各国王室の人たちは遠くにほんの小さく見えただけだった。

しかし、チャンスはまだまだそれからだった。その後、女王は王宮から国会議事堂まで、馬車、それも屋根のないオープンのものでパレードされるというので、その通り道に先回りして待つこと一時間。遠くに馬車がみえてくる！　馬車にはマルグレーテ二世女王とその夫、ヘンリック王配殿下が並んで座っている。沿道の人たちはみな、デンマーク国旗を手に大歓声。女王に歩み寄って花束をプレゼントする人もいる。女王は笑顔で手を振って過ぎ去っていかれた。お誕生日おめでとうございます！　しかし、後日現像した私の写真には、なんと女王の笑顔ではなく、女王に振った私の手が女王の笑顔を遮って写っていたのだった。せっかくのチャンスだったのに！

なぜデンマークの女王は防弾ガラスに守られていないのか？

さてこのパレード、沿道には十メートルほどの間隔で警察官が立っていたものの、警備はその程度で柵とかバリケードなどは一切なし。馬車はオープンだから、当然防弾ガラスで覆われているわけではないし、沿道の建物の二階や三階から見物している人だっていたのである。ものを投げつけようと思えば可能だし、飛びかかって危害を加えることだって難しくないだろう。実際、花束を女王に直接プレゼントした人もいたのである。

一国の国王がいったいこのような警備体制で、いざという場合に大丈夫なのだろうか。たとえば、日本だったらどうだろう。私の現在の職場は東京の丸ノ内の皇居に面したビルにあるが、天皇陛下や米国の大統領がその前の道路を通行するというときには、窓を締め切るようにとお達しがあるし、皇太子殿下と雅子妃の結婚のパレードだって、ビルの二階以上の窓をあけて見物するなどもってのほかで、警備上の理由で禁止されたはずである。平和で安全なデンマークの、合理的な考え方をもつ人たちは、女王に危害を加えるなど思いもよらないのだろう。しかしながら、万が一の可能性だってある。デンマーク王室や政府の人たちもそのことは十分わかっているだろう。デンマーク王室はそれでも、そのような危険性を承知のうえで、国民に対してオープンであろうとしているのだ。

ちなみにイギリスの王宮、ロンドンにあるバッキンガム宮殿は、建物の周囲に柵があるだけで、一般の人も宮殿の建物のすぐそばまで近づくことができる。日本の皇居にくらべれば、イギリス王室は国民に身近で開かれているという人がいる。しかしデンマークの王宮は柵も何もなく、ただ広場に建物が建っているだけである。建物に触れることだってできる（衛兵には注意されるだろうが）。建物は、王宮と呼ぶには何とも質素な造りである。窓へ石を投げ込むことだってたやすいことだろう。こんな国民との距離の近さが、デンマークの王室が国民に支持され、存在し続けられる理由なのだと思う。

現代の民主主義国家になぜ王室が存続するのか？

考えてみれば、王室制度という国家元首を世襲するシステムは、ヨーロッパという近代民主主義発祥の地においては、時代錯誤的かもしれない。現国王は前国王の子というだけで、国民が選挙によって選んだ人物ではない。

それでも王室が存続しうるのは、すでに述べたように国民の支持があるためである。逆にいえば、国民の支持を失ってしまうと、王室は民主主義社会で生き延びられないのは当然だろう。デンマーク王室は国民に対してオープンであろうと努めているように思える。つまり王室は、国民と触れあい理解しあうことで、国民の支持と期待を維持できるし、逆に国民は王室に親近感を抱き、王室が存続していくことが可能だと自覚しているのではないか。

デンマークでの世論調査によれば、マルグレーテ二世女王は品格、教養、芸術的才能、想像力を魅了する会話力といった点で評価され、常に高い支持率を得ている。テレビなどでみる女王の姿は、確かに気品を感じさせるが、決して堅苦しくはない。リラックスしており、好感をもてる。デンマークにも王制を廃止し、共和制への移行を唱える政党がないわけではない。しかし、そのような政党も、マルグレーテ二世女王の治世の間に王制を廃止することまでは求めていない。

それでは、現代の民主主義国家において、王室に期待される役割とは何なのか？　デンマークに限らず、二十一世紀の今日、ヨーロッパやアジアの諸国で王室（日本は皇室）が存続する国々がまだまだ多いのは、やはりそれらの国民が王室を必要とし、求めているからだろう（中東諸国の場合は私にはよくわからない）。その大きな理由は、王室が国家・国民の象徴となっているためだと思う。二十一世紀を迎えた今なお、各国の王室はその国の伝統や文化などを守っている。結婚式や外国からの賓客を招いた晩餐会、年中行事などでは古式に基づいた形式と作法で内外の賓客を接遇し、自国の文化を披露する。私たちはそのような伝統文化の継承者としての役割を王室に期待する。

また、私は兵庫県の出身であるが、阪神・淡路大震災の被災者を見舞われた天皇・皇后両陛下のように、王室の人々は、私たちが辛く困難な状況に陥った時に優しく励ましてくれる存在でもある。世襲の国王は、共和制国家の選挙で選ばれる大統領とは異なり、政治家ではない。そのために世間ずれした、どろどろとした現実の政治世界を経験していない。それで政治家である国家元首よりも、王室の人々に人間としての純真さや素直さを国民は感じるということもあるだろう。米国や中国の国家元首は、いずれも厳しい政争を生き抜いてきた人たちであって、その能力は偉大なのかもしれない。しかし国民が政治家に対して、素直に親しんだり、裏表がないという安心感を抱けるだろうか。また、王室にはその伝統の中に、ある種の非日常的でミステリアスな要素をもっている。一般の人々はそういった、おとぎ話にも通じる、夢のような存在をも求めているのだと思う。

さらに国家の元首として、外国へ友好親善のために訪問される天皇・皇后両陛下はいずれの国でも国賓として最大級の接遇を受ける。日本人として、私たちは日本の象徴である両陛下がそのような歓迎を受けることを、自分自身のことのように誇らしく、嬉しく感じる。

デンマークについていえば、人口がたかだか五百数十万人で、（本土の）面積が九州程度のこの国が、国際社会において一定の威厳と存在感を維持するためにも、王室はおおいに役立っていると思う。形式上、女王は国家元首であるがゆえに、人口五百万人に過ぎない国であっても、たとば人口八千万人の隣国ドイツの首相よりも格上の扱いを受ける。人口六千万近い英国の女王とは同格である。ヨーロッパの統合がすすみ、各国の独自性が失われる不安がある中、王室の存在はいわば国家の精神的な独自性を維持する支柱のようでもある。ドイツやフランスといった欧州の大国が主導し、経済や法制度や、さらには通貨までもがEUの中で統一されるという状況のもと、小国ながらも平和で豊かな社会を築いてきたデンマーク人としてのアイデンティティにとって、王室の存在はきわめて重要なのだろう。

女性も王位に就けるが

ところで現在、ヨーロッパではデンマーク以外に、オランダ、イギリスでも女王が王位に就いている。オランダは三代つづけて女王だし、スウェーデンも次の王位継承者は女性であるように、ヨーロッパで女性が王位に就くことは一般的なことになっている。デンマークでは、一九五三年の法改正により女性の王位継承を認めた。マルグレーテ二世の両親であるフレデリック九世王とイングリッド王妃は、子どもが三人とも女の子であった。このため、国会は男性のみが王位に就けると規定していた「継承法」を改正したのである。法改正で王位継承順位第一位になってしまった当時、十三歳だったマルグレーテは少女ながらに嫌がったそうだ。

マルグレーテ二世女王は、父フレデリック九世が亡くなった一九七二年に女王に即位した。当時弱冠三十二歳。二人の妹と共に議会のベランダから喪服で姿をみせた新女王の映像を私もテレビでみたことがある。若くして父親を失い、悲しみにくれている、このか細い王女様がはたして新しい国王としてやっていけるのだろうかと、彼女の姿をみた国民は不安に思ったに違いない。

しかし今日、マルグレーテ二世女王は、私がいうのもおこがましいかもしれないが、本当に立派な女王になられた。イギリスのエリザベス二世女王にくらべれば彼女は、国民の前に笑顔でよく姿を現すし、発言にもユーモアがあり、国民の人気が高いのがうらやましいとイギリスの外交官にまでいわしめるほどの存在である。

さて、デンマークでは女性の王位継承権が認められたといっても、それは男性の王位継承者がいない場合に限られる。つまり最初に長女が生まれても、その次に長男が生まれれば、王位は男性である弟が継承する。

マルグレーテ二世には弟がいなかったこと、またマルグレーテ二世の二人の子どもはいずれも男子であることから、この規定はとくに問題にはなっていない。そもそも一般国民はあまりそのような細かな事情に精通していないのかもしれない。しかし男性優先で女性に対し差別的との批判がないわけではない。私がデンマークの人々に、この点について尋ねたときも、確かに差別的でベストではないとの反応が多かった。

この点、デンマークの隣国スウェーデン王室などは、最初に生まれた子どもが王位を継ぐことになっており、ヴィクトリア王女には弟がいるけれども、長女であるヴィクトリア王女が皇太子である。英語の称号は、Crown Princess of Swedenである。王位継承者を意味するCrownがつく。

ちなみに、スウェーデンで女性の王位継承権を認める法改正が行われたのは一九七九年だったから、デンマークが法改正した一九五三年よりも男女平等の思想がより一般的になっていたために、「男性優先」のデンマークのようにはならなかったのだろう。

個人的には、日本も法律を改正して、男女平等に皇位継承を認めるべきだと思う。そのことで、日本の象徴とされる天皇家が男女平等の考えを実践すると同時に、「男の子の世継ぎを生まなければならない」皇太子妃の心理的プレッシャーを軽減することが望ましいだろう。だが実際には解決すべき問題も多いと思う。

たとえば、日本には貴族制度が残っていないし、天皇家はヨーロッパのように外国の王室との密接な血縁関係があるわけでもないから、女性の天皇が配偶者をみつけるのは容易ではないだろう。ヨーロッパでは、イギリスでもデンマークでも女王の配偶者はギリシャやフランスの元貴族だが、日本では同じようなことは少し難しいのではないか。また最近、マルグレーテ二世女王の夫君であるヘンリック王配殿下が、自分がデンマーク人に受け入れられていないと感じ、「人生を考えたい」と発言し、物議を呼んでいる。このことは、天皇の配偶者として真に自分の人生を幸福と感じられる男性を見つけだすことが、可能なのかどうかについても考えさせる。さらに、日本でも過去には女性の天皇が在位したが、そのすべてが独身で配偶者がおらず、したがってその子どもが皇位を継いだわけではない。もっともこの点、デンマークの女王の長男、フレデリック王子が国民から皇太子として親しみをもたれていることから、日本人にとっても、女性の天皇の子どもが皇位を継承することがあっても、それほど違和感はないのではないかと個人的には想像する。

いずれにせよ、女性の天皇を認めるかどうかということよりも、いかに皇統を絶やさず国民の象徴を私たちが持ちつづけられるのかを考えるべきだと思う。

（注）継承法は二〇〇九年に改正され、男子優先から性別を問わない「長子優先」となった。

マルグレーテ二世女王のお母様、逝去

マルグレーテ二世女王が還暦をむかえて数ヶ月後の二〇〇〇年初冬、マルグレーテ二世女王の母親であるイングリッド王太后が亡くなった。

前国王でマルグレーテ二世女王の父親であるフレデリック九世は、すでに二十八年前に亡くなられていたから、イングリッド王太后はその後長い間、未亡人だったことになる。彼女は、実は前スウェーデン国王、グスタフ四世アドルフの一人娘である（また、イギリスのヴィクトリア女王の曾孫にもあたる）。一九三五年、二十五歳のときにデンマークのフレデリック皇太子（後のフレデリック九世国王）と結婚し、デンマークに嫁ぐことになった。のちに娘を三人出産し、長女マルグレーテが現デンマーク女王となった。

私のような外国人にとって、デンマーク王室の女王はともかく、王太后というのはあまりなじみがなかっ

デンマーク国民の母として慕われた、イングリット王太后の遺影を掲げるロイヤル・コペンハーゲン本店のショーウィンドー

た。しかしながら、イングリッド王太后が亡くなった後、追悼のテレビ番組や葬儀で、デンマーク国民がどれほどこの人のことを慕っていたかを、私は知ることとなった。

スウェーデンの王女として生まれながらデンマークの皇太子に嫁ぎ、デンマークが第二次世界大戦でドイツに占領されると、彼女はコペンハーゲンの街を乳母車を押し、自転車で買い物にいき、娘を学校まで歩いて送っていって、デンマーク王室が国民と共にあることを示したという。メディアも、全ての国民が、晩年のイングリッド皇太后の発言を敬意をはらって聞いたと報じていた。まさに全デンマーク国民にとっての優しいおばあさんといった風である。

逝去する三年前の一九九七年、長女マルグレーテ二世女王の即位二十五周年の祝宴でのイングリッド王太后の言葉は大変有名で、よく引用される。「デイジー（マルグレーテ二世女王の愛称）、あなたには二人の素晴らしい息子がいます。きっとデンマークのためにつくしてくれるでしょう。私は安心して目を閉じることができます」

死を予見したような言葉はいかにも悲しいが、一人の女性として、母親として、そして何よりデンマーク人としての人生に悔いのないことを感じさせる。

『私はデンマーク人』

彼女の死後、コペンハーゲンの書店に並んだ王太后の写真集・伝記と思われる本のタイトルである。この一言は、デンマーク国民にデンマーク人としての誇りを改めて感じさせたに違いない。

女王がタバコを吸いまくるのはなぜ許されるのか

イングリッド王太后の長女である、現マルグレーテ二世女王が大変な喫煙家であることはすでに述べた。七カ国語をお話になるという点にも触れた。ついでにこの方、正確には知らないが、身長が一八〇センチメートル以上はあるようだ。テレビの映像や写真でみるかぎり、ハイヒールを履いているせいもあるかもしれないが、ほんとうに長身である。日本の天皇陛下と並んだ写真などをみると本当にそう思う。身長があるから、数々のセレモニーでお召しになるドレスなど、いずれも格好よく着こなしている。

また、みた目に素敵であるというだけでなく、国の王が長身ということはその昔、文字通り強い者が他を支配し、王になったというヨーロッパの歴史や、肉体的に強い者が王族、貴族としてまず力で国民を支配・統治してきた過去のなごりなのかもしれない。もっとも、北欧では長身の人が多いので、その中ではあまり目立たないのだが。

女王の喫煙については、一国の国王ともあろうお方が歯を黒くするほどにまで……と思わざるを得ないが、デンマークは一般の国民の喫煙率も大変高い。だから、女王が愛煙家であることなど誰も別に気にしないようである。逆に、タバコくらい吸う方が人間的な国王らしくていい、ということになるのかもしれない。

これもある意味、デンマーク人の気質を示す一面である。簡潔にいえば、彼らは精神的な苦痛を味わってまで、苦しい禁煙などしたくないと思うのだろう。喫煙は肺ガンその他重大な病気の原因となるかもしれないが、今吸いたいから吸う、それだけである。人生の楽しみを捨ててまで我慢するということは、デンマーク人の国民性には合わないのではないだろうか。やりたいことはやる。その考え方を肯定的にとらえると、各個人のもつ能力ややる気を最大限に生かせば、社会全体にもプラスになる、ということなのかもしれない。タバコはあまりよい例ではないけれども、とにかくデンマーク人はあまり自己に限界を設けずに、好きなこと、やりたいことをやっているように思う。このことは、仕事や勉学、余暇の過ごし方といった彼らのライフスタイルにも大きく表れるだろうから、国民や国家にとっては重要なことだといえる。

もちろん、それを可能にしている社会というものがある。つまり、①やろうと思えばそれがいつでもできる条件が整っていること（学校にいこうと思えば、それが無料であることや、社会人にとっても通学の時間ももてる）、②たとえ失敗することがあっても、社会福祉制度が整っているから、ホームレスになったり飢え死にするようなことはないだろうし、再起も可能ということ、この二つのメリットがこの国の社会にはあるのだ。

いずれにせよ、デンマーク人は自分の人生を、自分の好きなように生きて楽しんでいる。一方で、高額な収入を得、資産を築き、贅沢な生活をするという目標をもつ人もいないわけではないだろうけれど、それを重要と思う人はあまりいないと思う。つまり、金銭欲や物欲、名誉欲のためだけに身を削り、自分や家族を犠牲にしてまで働くデンマーク人などあまりみかけない。そんなことをするぐらいなら、家族や友人たちと、夏なら太陽の光を楽しみながら庭で一杯傾けたり、冬なら居心地のよい部屋でおしゃべりしたりといった素朴な安らぎを求めようというのが彼らの考え方なのだ。

競争の厳しい社会で、なんとしても「勝ち組」に入らなければ、という価値観は、アメリカや、あるいは近年の日本あたりではかなり広く受け入れられるようになってきた考え方かもしれないが、デンマーク人には考えられないだろう。

そもそもデンマークでは、どんな職業であれ自分の能力を生かせる仕事をしていれば、一定レベルの生活水準は保てるため、いまの生活を犠牲にしてまで豊かになろうとか、将来の成功を得ようとはみんな思わないのである。デンマークにかぎらず、他の北欧諸国も同じような状況にあると思うが、いわゆるブルーカラーの労働者や、レジの店員、バスの運転手まで、この国で働いている人たちは（日本でいうような）社会的地位に関わりなく、皆その仕事に誇りをもち、生き生きと働いているようにみえる。どんな職業についていても、自分の職業や自分自身を蔑むことはないし、他人も彼らのプライドを尊重する。この結果だろうか、デンマーク人同士の人間関係は、これがかつての荒々しいヴァイキングの子孫たちとは信じられないほど、平和で穏やかだ。

デンマーク人について知る

権威主義を嫌う

さてデンマークは、ヨーロッパ最古の歴史を持ちながら国民にとってたいへん身近で親しまれている王室と同様、彼ら国民自身もその王室と同じようにいばることなくオープンで親しみやすい。何よりもまず、他の北欧諸国と同じように平等主義を重視するデンマーク人は、権威主義を嫌う。社会的地位とか名声、お金などに頼って傲慢に振舞う人々を嫌う傾向が強い。

コペンハーゲンで働いていた間、私は年に一度、健康診断を受けることになっていた。デンマークを訪れた人なら、クロンボー城や鹿公園などに足を運んだことがあるかもしれない。その途上、コペンハーゲンから海岸沿いに北上する道路は、対岸にスウェーデンを望み、とくに夏は明るい光に満ちたたいへんに開放的で美しい場所である。その道路沿いにある某病院が指定された場所だったのだが、海を見おろす風光明媚な環境にあるその病院は、医療機関というよりは、おしゃれなアパートという雰囲気。こんな場所で治療を受けるのであれば、病も気からという言葉どおり、入院してもすぐ全快しそうな気分にさせてくれそうである。さらに印象的だったのは、その病院で働く医師が、ほとんどみんな白衣など着ないで普段着のままだったこと。それは、白衣の医者が往々にして医療に対する非日常性、冷たさ、不安感といったものを連想させるのに対して、アットホームな親しみやすさを感じさせられるものだった。この病院に限らず、デンマークでは白衣が実際に権威主義的で、診療の障害にもなるとして、医師がふだん着で働くということが多いらしい。建物の中も、北欧らしいカジュアルで優しい感じのするインテリアでデザインされており、なんともうらやましい医療環境だと感じたものである（さらに余談ながら男性の看護師も日本より多い）。

こんな話もある。デンマークのAPメラー社は、世界最大の船会社マエスクなどを有するデンマーク最大の企業であり、その経営者のメラー氏はデンマーク一の富豪である。このメラー氏、他の国の富豪と同様、当然のように高級車を持っていた。コペンハーゲンの街中をその車でドライブしていたところ、人々は彼の車を見るたびに何か噂しあっている。メラー氏はそれがあまりにも気になって、結局その車を手放してしまったという。彼自身が傲慢な性格で高級車をみせびらかそうとか、そんな意図がたとえなくても、目立つことはできないのだった。

そのため、アメリカン・ドリーム的な「成功」を求める若者や、他人に気兼ねせず自らの「成功」を誇りたい人たちの中には、デンマークを嫌い、イギリスやアメリカに渡る人もいる。ある国の経済や産業をリードし、国家や社会に多大な貢献をするであろう有能な人材を、正当に評価することは重要なことだが、単なる嫉妬だけでそれができないとなるとこれは問題で、デンマークにそのような危うさを感じないわけではない。それでも、才能があり経済力のある多くのデンマーク人が、そうした国民性を育んだ歴史や文化的背景を有する祖国に愛着をもっているので、社会的に地位の高い人であっても、傲慢になることはあまりない。

外務大臣が外国に出張にいく際にも、秘書官が一人同行するだけだったり、企業の経営者だって自転車や公共交通機関で通勤することをいとわなかったりするのがデンマーク人なのである。私の住んでいたアパートの大家さんは、コペンハーゲンの一等地にオフィスを構える企業の会長で、ドイツの高級車を所有していたが、ある日、郊外の自宅から自転車で通勤しているのに出会った。自転車だと都心まで三十分はかかる距離である。そこで「立派な高級車をおもちなのに自転車で通勤ですか?」と聞くと、「今朝は、財務大臣や環境大臣も自転車で通勤していたのに出会ったよ」と話してくれた。その日はたまたま環境に配慮した「ノーマイカーデー」で、コペンハーゲン中心街への自家用車の乗り入れが認められず、公共交通機関を使って通勤しましょうという日だったのだが、それ以外の日でもこの会長はクールな自転車に乗ってさっそうと通勤していることがたびたびあった。

彼らは、政治や企業経営の結果得られた地位や財産によって他人の尊敬を得るよりも、政治家は政治を通じて国家に貢献し、企業人は経営を通じて自己実現を図るということに生きがいを感じているのではないか。あっけらかんとしているものだ。デンマークは、政府の介入しない自由な資本主義を一貫して信奉し、もちろん自由主義的な社会で、典型的な「欧米」の一国には違いないのだが、平等志向をもち権威主義を嫌うという点では「欧米」の中でもかなり独自の考え方の持ち主なのではないかと思う。

そして彼らの考え方は当然、この国の福祉、環境、外交など、さまざまな公的な政策にも表れている。これらデンマークの政策は国際的にも多くの人たちに関心を持たれているし、日本にとっても参考になる面が多いと思う。しかし、政府がそれらの政策を実行できるのも、その前提となるデンマーク人特有の国民性があればこそである。

「当然」座れるバス、電車

デンマークでよく利用される交通手段は自転車とバスである。コペンハーゲンには私が住んでいた間には地下鉄も路面電車もなかったが（地下鉄はその後、二〇〇二年十月に開業した）、市営のバス路線はよく発達していて、Sトーとよばれる首都圏国鉄の通勤電車と同じチケットで乗り継ぎもできる。たいへん便利なので私もたびたび利用した。日本でも、私鉄と地下鉄には共通のプリペイドカードはあるが割引はない。そのカードにしてもJRは別だし、バスも鉄道と同じ切符では利用できないのが不便である。

さて、私が住む東京都の都営バスは、今年購入するバスがすべて低床であることを電車のつり広告でアピールしていたが、デンマークの路線バスも、私が在住していたころにはすでに低床式だった。このため乗り降りが楽である。東京のバスは場合によっては路上駐車を避けて歩道から離れたところに停車することもあるが、コペンハーゲンでは車道から一段高くなった歩道の高さに、バスの床面がぴったりとあうように停車する、なかなか心憎い配慮がなされている。だからお年寄りや子ども、体の不自由な人、乳母車を押している母親といった人たちにも利用しやすい。街中を走るバスは、そういう人たちにこそ使い勝手がよくなければならない、という考え方があってこそのことだろう。

また、デンマークの道路には、自動車用のレーンと歩道との間に、自転車用のレーンがあることが多い。だからバスの乗降客は自転車に注意しなければならない。しかし通常、バスの停車中は自転車の方が乗降客を優先するのがマナーである。

デンマークの路線バスで印象的だったのは、停留所でバスから降りる際、バスが完全に停車してから座席を立ち、出口まで歩いていく余裕があるということ。東京ではラッシュのときなど、目的の停留所にバスが着いたときには、出口のところへ移動していなければならないのではないか、停車してからのろのろと席を立っていてはバスが遅れるのではないか、という意識を私は持っていたが、これはお年寄りなどには辛いことだろう。しかしデンマークでは幸いそんなことはあまり気にせずにすむ。大きな乳母車を一人で押している女性だって、一人でどうやってバスにのせるのだろうと私が心配していると、そのあたりの人たちがみんな手を貸してくれるから、まったく問題ないのだった。また、お年寄りが乗ってくると、当然のように席を譲る若い人たちの姿も何度も目にした。

確かに日本、とくに東京のような大都市で同じことをしろ、というのは酷かもしれない。長時間、超満員の電車やバスに揺られて会社へいき、仕事でストレスがたまり、残業までして疲れた体でまた満員電車で帰るのである。そんな環境では、他の人たちを気づかう余裕などなくなってしまう。そんなお客を乗せて走る運転手だって大変だろう。

デンマーク人が幸せなところは、日々の生活を営む社会そのものが、ゆとりをもたらしていることだろう。首都コペンハーゲンですら人口は六十万人程度である。電車にしろバスにしろ、利用者が少ない分は確実に混むことがない、ということになる。

同時に、デンマーク人自身の性格が、そのような社会を維持する原動力であることも見逃せない。先述したように、デンマーク人は、自分の好きなことをして人生を楽しんでいる。さらにいうと、堪え忍んで自分の嫌なことをしたり、他人に対して卑屈になったりすることがあまりない。もしも赤ちゃんがいるから、年をとっていて若者のように身体の自由がきかないから、等々の理由で、バスに乗ってコペンハーゲンに買い物にいけないという状況になったなら、デンマーク人にとっては、それは理不尽なことで受け入れられないことなのだ。

また、同じ料金を支払っていても、座席に座れる人がいる一方で、自分は立って吊り革につかまっていなければならないとすれば、それは不公平で受け入れられないということになる。二〇〇〇年七月に、コペンハーゲンと対岸のスウェーデンのマルメとが、鉄道と道路併用の橋とトンネルで結ばれた（「デンマークの文化」参照）。開業当初、鉄道は国境を越えて通勤する人たちで混みあい、立ったまま座れない乗客がいた。すると、座れなかった乗客の一部が鉄道会社に抗議し、抗議を受けた鉄道会社はすぐに車輛を増結して全員が座れるようにしたという。ちみにこの鉄道でコペンハーゲン～マルメ間の所要時間は三十五分。毎日満員電車に長時間揺られて通勤する私たちには夢のような話である。

なぜデンマークの赤ちゃんはかわいいのか

さて、赤ちゃんがいる人でも、お年寄りでも、街に出ることは難しくない国だから、街にはいろいろな人たちがたくさんいる。日本の都心といえば、銀座でも渋谷でも、ビジネスマンや若い人たちばかりが目につく。私には、あらゆる人たちが入りまじるコペンハーゲンの情景はとても新鮮だったことはすでに述べたが、

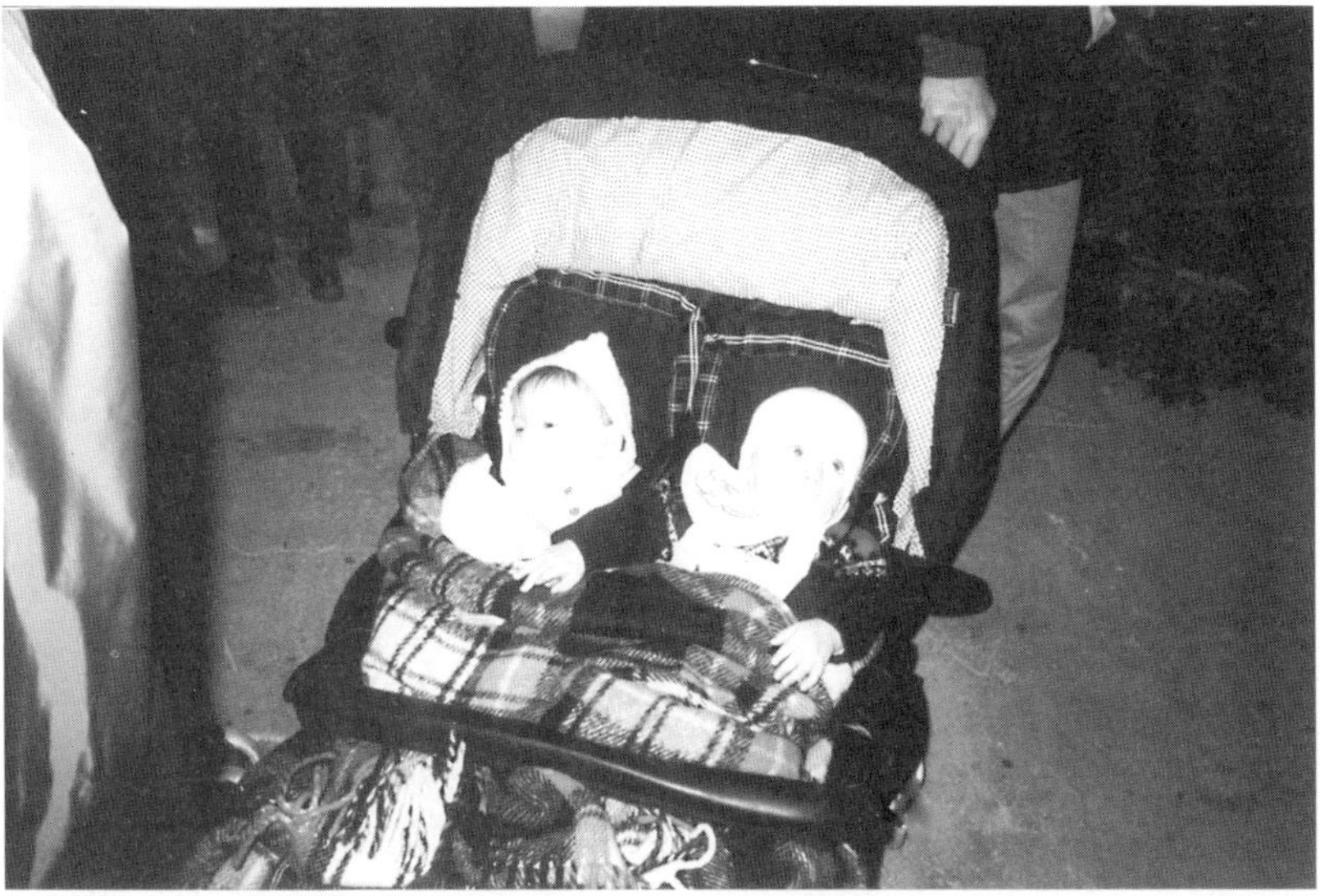

双子用の乳母車。かわいらしいので思わずパチリ！

そのような人たちに関心が向くようになった。

繰り返しになるが、日本と違って、乳母車を押す人の約半数が父親とおぼしき男性であること。彼らは育児休暇中なのだろう。ベビーシッターのアルバイトらしい若い女子学生も多い。

そして、乳母車は赤ちゃんを座らせるベビーカーではなく、赤ちゃんを寝かせることができる大きな乳母車、英語で pram とよばれるものである。これもまた、狭くて人の多い日本の街路では使い勝手が悪いだろう。デンマークで出産された日本大使館の書記官ご夫妻も、せっかくのベビーカーを日本にはもち帰らなかったそうだ。東京では、混雑する電車やバスに、この大きなベビーカーを乗せることはできないだろう。

さてさて、その大きなベビーカーに乗せられている赤ちゃん、これがみんな計り知れないくらいにかわいい。赤ちゃんがかわいいと感じることに理屈などないが、とくに北欧の子どもたちは色白で、目が青く透き通っていて、丸顔だし、明るい色の金髪が上品で、これほどかわいらしい赤ちゃんは世界中にいないのではないかと思う。日本人なのにそう思うのは不思議ではあるが。

私が勤務した日本大使館は、コペンハーゲンの都心にあるのだが、大使館から歩いてすぐの通りに出れば、いつもかわいい赤ちゃんが乳母車に乗っているのをみることができた。かわいい赤ちゃんを見ていると、こちらまでほのぼのとした気分になるのは、私自身が子どもを持つのにふさわしい年頃だからかも知れないけれど、人間の本能的な側面もあるだろう。

見た目のかわいさは最初の印象として大きいけれども、加えて指摘しなければならないのは、赤ちゃんが全くといっていいほど泣かないことである。私がコペンハーゲンの路上で泣いている赤ちゃんをみたのは、中東系の移民と思われる家族の赤ちゃんだけだった。

日本でも、スーパーやデパートなどで、赤ちゃん連れの家族というのはよくみるけれども、たいていどこかにむずかってぎゃーぎゃー泣く子がいるものだ。しかし、デンマークでは何しろ、赤ちゃんも乳母車を押す親たちも、ニコニコして街を歩いており、なぜか泣き叫ぶ赤ちゃんがいないのである。

私はこの点について、専門的な分析はできないが、恐らくデンマークが、子育てに関してストレスが少ない社会だからではないかと考える。子育てのための環境は整っているから、両親もそのことで悩むことも少ないのではないか。子育てを支援する環境とは、たとえば次のようなことである。

・両親のいずれかは、子どもが一歳になるまで出産休暇および育児休暇を取得できる。

・子どもが一歳になれば、育児手当が支給される。額は自治体によって異なる。
・子どもが一歳になれば、ほぼ全員が公立の保育園に入ることができる。
・男性でも育児休暇を取得しやすい。
・ベビーシッターが学生のアルバイトとして普及している。
・電車やバスに乳母車をのせることができる。
・デンマーク人ではほぼすべての夫婦が共働きだが、残業がほとんどなく、四時か五時には仕事が終わるため、平日でも家族で過ごす時間が十分にもてる。

このように子育てに関し、社会全体にゆとりがあるので、平和な家族の時間をたっぷり過ごすことができる。そういう幸福な環境がデンマークにはあると思う。ついでながら、若い人たちにとっても、街の中でごく普通に赤ちゃんをみたり、ベビーシッターのアルバイトをしたりという機会が多いことは、赤ちゃんや家族について理解を深めることに役立っているといえるだろう。

また、デンマーク人の赤ちゃんの育て方、接し方にも理由があるだろう。私の友人夫婦は一歳の子どもを、夜七時になるとベッドに寝かせつけ、その赤ちゃんが泣こうがわめこうが放っておく。そうしないと一人で寝なくなるのだそうだ。赤ちゃんもただ泣き叫べば親に甘えられるわけではないことを学習するのかもしれない。そして寝かせつけた後、大人たちは隣の部屋で夜遅くまでパーティーを楽しむ。

彼らの家にいるとき、隣の部屋で赤ちゃんがぎゃーぎゃー泣くので私は落ち着けなかったが、一定の時間に寝る習慣が赤ちゃんの身につけば、若い両親も自分の時間をもてるようになるというものであろう。

また、赤ちゃんを寝かせたまま運べるベビーカーは、親と赤ちゃんが互いに顔をみながら移動することができる。このことは赤ちゃんをリラックスさせることに大いに役立っているのかもしれない。

ひるがえって日本の状況である。ここでは、東京の大学に留学している私の友人のデンマーク人が、日本人の親はたいへん厳しく子どもをしつけていると指摘したことだけを紹介しておこう。子どものしつけはいうまでもなく重要なことなのに、デンマークの若者はマナーや礼儀といった面でみるとあまり高く評価できないのは事実である。しかし赤ちゃんに関するかぎり、私にとってはいつもおとなしくてかわいらしいことが何よりも印象的だった。

日本とデンマークのどちらが良い、悪いという話ではない。私は結婚していないし、子どももいないから、子どもや子育てについてはあまりまだわかっていないことの方が多いが、赤ちゃんの様子が明らかに違うということだけは大きく印象づけられたのだった。

驚きの犬事情

ちなみに、泣かないのは赤ちゃんだけではない。犬もデンマークでは吠えないのである。デンマークでも盲導犬や日本でいう介助犬が活躍しているが、そういった特殊な訓練を受けた犬だけではなく、一般の人々が飼っている犬も静かなのである。人間と違い、犬は厳しい躾を受けているからだそうで、そのしつけがどういうものかは詳しく知らない。しかし人間以外の動物が人間社会で共生していくためには、それなりのマナーが必要という考え方があるので、デンマークの人たちは犬をきちんとしつけ、おとなしくさせて人間社会に受け入れられるように努めるのである。

街で飼い主に連れられている犬の多さは驚くほどであって、皆本当におとなしく、かわいらしい。よくしつけられているから、大きな犬が赤ちゃんに近づいても皆平気だし、犬同士が路上で出会っても、お互いに吠えあったりすることはまずない。

スーパーなどでは飼い主が買い物中、よく入り口のところに犬をつないでいるが、どの犬もおとなしく飼い主を待っている。私は犬が大好きだけど、アパートの一人暮らしでは犬を飼うことも難しい。ときどきそんな見知らぬ犬たちをなでてみたものだが、どの犬もおとなしくて嫌がるようなことはなく、人なつこい。飼い主以外の人にも従順すぎるのもどうかとは思うけれど、少なくとも他人に危害を加えることのないよう、きちんとしつけられているのは立派である。また、スーパーの入り口には飼い主のため、ヒモを結ぶための金具が取り付けられている。犬は人の社会の一員として受け入れられているのだろう。

犬やその他のペットを飼うことは、人間にとって心の安らぎにつながるし、子どもたちにとってはその成長過程において、情操面での発育に非常に役立つ。このことは、ペットを飼われたことのある方々ならよくご存知のことだろう。それだけ意義のある存在を社会の一部として受け入れるために、デンマークの人たちは大きな努力をしてきたのだろうし、飼い主自身も、しっかりとしつけているのであろう。

日本においても、ペットではないが盲導犬や介助犬が社会的に受け入れられるようになってきていることはうれしいことである。ペットとして飼われている犬についても、飼い主はよく躾をすることが必要だろうし、スーパーやレストランでも外に犬をつなげられるようにする設備を整備するような努力が求められるだろう。

しかし、そのデンマークもほめられることばかりあるわけではない。これだけ犬が多いと当然、路上に「落し物」が多くなる。しかし落としっぱなしという飼い主が意外に多く、とくに街の裏通りを歩くときは多少注意が必要となる。犬の「落し物」は、フランスのパリなどでも同様だが、どうも個人主義的な社会では、他人の迷惑など気にしない人が多いのだろうか。

さらに驚かされるのは、王室の馬車まで犬と同じに、「落し物」をそのままにしていくことである。ヨーロッパなどの街では、よく観光用の馬車をみかけるが、たいていは落し物用の籠や袋が馬のお尻のところにぶら下げてある。「落し物」が路上に残されたままでは、観光客も寄りつかなくなってしまうだろう。けれども、デンマーク王室の馬車は違う。馬は公的行事のパレードなどがないときも、普段から街中を歩かせ、雑踏に慣らすための訓練が必要なので、訓練中の馬車が毎日コペンハーゲンの街路を駆け抜けていく（そして石畳の通りに響く車輪と蹄の音はいかにもヨーロッパ的な情緒をかもし出す）。しかしその後に残される落し物は、臭いし汚いし、これが先進国の王室のやることとは信じられない。なるほど王室の馬車というのは、格好の良さも重要だろうから、「落し物」用の籠や袋をぶら下げるのはあまりスマートではない。しかし、落し物をただ風化にまかせるだけとは…。

また雨の日、泥のついたブーツをキッチンのふきんを使ってふいたり（「後で洗うんだからいいじゃない」と本人はいうのだが）、食事用の皿を植木鉢の受け皿に使ったり（こちらも洗えばいいじゃないかという感覚か）。もちろんデンマーク人は不潔ということはない。世界で最も裕福な国の一つだから、衛生状態が悪く乳幼児の死亡率が高いなどということはない。ただ、デンマークは湿度が低く、日本のようにじめじめしていないから、カビなどには気をつけなくてよいということはあるかもしれない。それに、これはよく指摘されることだが、日本人は何かと清潔であることにこだわりすぎる嫌いもある。その差もあって気になる、ということはあるのだろう。

デンマーク語が外国人に難しいのはなぜか

デンマーク人は何語を話しているんですか？　とときどき聞かれるが、デンマーク人が話しているのはデンマーク語である。デンマーク語はドイツ語や英語に近く、他のスカンジナビア諸国のスウェーデン語、ノルウェー語とは兄弟関係にあり、さらに近い。

私はデンマークへの赴任が決まってから、デンマーク語の基礎の基礎だけは勉強し、発音こそ難しいなと思ったものの、文法や語彙は英語やドイツ語に近いため、その土地に実際に住めば、すぐ話せるようになるだろうと楽観的に考えていた。しかし、それは甘い考えだった。

私は子どものころ、デンマーク語というのは、話す人口が少ないうえに、発音がもごもごしていて難しいので、ヨーロッパの中でも外国人が全然理解できない、変な言葉だという話を聞いたことがあった。実際ノルウェー人やスウェーデン人ならともかく、日本人にとっては、そこに住んだにしてもかなり真面目に学ばなければ、習得は難しいのではないだろうか。

習得が難しいのには、いろいろな理由がある。一つは、発音が難しいこと。母音は日本語の「あいうえお」に加えてさらに三つある。これだけでもすでに日本人にはお手上げに近い。子音もRはフランス語に近いと最初は思ったものの、それよりもっと喉の奥から発音する感じで、私にはできなかった。また、綴りと発音が一致しておらず、発音しない文字も多くて外国人を混乱させる。この点、近代になって正書法の綴りを発音と同じになるように改めたノルウェー語の方がみた目にすっきりしている。

二つ目の理由は、私があまりデンマーク語を習得できなかった最大の理由でもある。デンマーク、それもコペンハーゲンではデンマーク語を話さなくても生活できるため、習得するための動機に欠けるということである。日本では外国語があまり通じないため、日本人の友人は必要ないとか、いつも六本木あたりで外国人とだけしか遊ばないということでもないかぎり、外国人にとっても日本語の習得はどうしても必要なことになるだろう。しかしデンマークでは、ほとんどの人たちが英語を話すので、英語さえ理解できれば生活上も仕事上も大きな問題はない。もちろん、その国に住み、働くうえでは、その国の言葉を操って、深く社会に関わることが好ましいだろうが、デパートや銀行、コンビニエンスストアやファーストフードショップにいたるまで、どこでも皆、英語をぺらぺら話す国では、へたにデンマーク語で話しかけるより、英語の方がずっと物事がスムーズにいくのだった。

しかし、いかに英語がうまいとはいっても、やはりデンマーク人にとってもそれは外国語である。デンマークに住んでいながらいつも英語でばかり話しかけるのはデンマーク人に申し訳ないと思うし、外国人がデンマーク語を話してくれればデンマーク人だってやはり嬉しいはずである。そのため、私も「それなり」に努力したけれども、デンマーク人は日本人がデンマーク語を少しでも使うと「デンマーク語がとても上手ですね」などとお世辞をいったりして甘やかすので、結局「それなり」で終わってしまうのだった。私も甘えてしまったのである。

さて、デンマーク語の習得が難しい三つ目の理由は、これは想像に近いのだが、外国人のデンマーク語学習人口が少なく、そのため外国人への語学教授法がいまひとつ確立していない、少なくともデンマーク語の語学教材や学校があまりない、ということである。デンマーク人は、外国人がデンマーク語を話すことを期待していないし、デンマーク語を広めたいともあまり考えておらず、それよりもむしろ自分たちが外国語を習得しようという意識の方が全体としてみれば高いように思う。その点、フランスなどは外国人にもフランス語を話すよう求めるかのような雰囲気が感じられるし、日本やイギリスにいたっては、ほとんど自国語しか通用しないのである。

さらに、小国のわりには方言の違いが大きい一方、デンマーク語全体としての使用人口が少ないためか、言語の「幅」が小さいのではないかと感じることがある。「幅」とは、発音と表現の「幅」という意味。たとえば、英語であれば、世界中の人たちが話しているから、イギリス英語だけでなく、アメリカやシンガポールの人たちが話す英語、それにヨーロッパや日本人の英語にいたるまで、いろいろな発音や表現があるけれども、それでも何とか英語として通じあうことができる。文法的にも語彙的にもさまざまな言い方ができ、イギリス人が使わない表現や言い回しすら存在するし、とりあえずそれらも許容されるということがある。

しかし、デンマーク語は世界中で五百万人しか話さない言語である。英語のように、いろいろなデンマーク語というものが生まれにくい。デンマーク語には国内の方言はあっても、英語のように、南半球のオーストラリアでも旧植民地のインドでも話されるという状況はない。

そのため、あることを言いたい場合、文法や語彙的にいろいろな表現の可能性があるのに、実際に使われる用語は一つしかない、ということがある。言葉の純粋性が保たれている、ということもできるかもしれない。

言い訳になってしまうが、とにかくそういった理由によって、デンマークに住み始めた当初、タクシーの運転手に行き先を伝えるのすら一苦労であった。デンマークに住んで一年もたつと、自分ではある程度うまく発音できるようになったと思っていても、タクシーにのって「○×△にお願い」と伝えても、運転手は必ず、「●×▲か?」と必ず確認してくるのである。「だから●×▲と発音しただろう!」と憎たらしく思うのだが、彼らには微妙に違って聞こえるのである。

デンマーク人の英語

さて、小国であるがゆえに、デンマーク人にとって外国語、とりわけ事実上世界の共通言語となっている英語の習得はグローバル社会において生きのびるために必要不可欠となっている。幸い、デンマーク語と英語は言語的に近く習得しやすいこともあり、とくに若い世代の人々にとっては、英語が話せるのが当然のこととなっている。ファーストフードショップやガソリンスタンド、コンビニエンスストアでも若い店員が本当にぺらぺらしゃべるのにはびっくりする。英語を普通に話せるということが、いまだにまだま だ特別なことである日本とはかなり様相が違っている。

そういうわけで、私は仕事では、ほぼ英語オンリーで通すことになった。外交官は現地語を理解できるに越したことはないのだが、とくに私の担当したデンマークの外交分野についての情報収集では、そもそもデンマークの外交交渉がふつう英語で行われるので、たとえばEUなどの文書は直接英語で入手すればよいし、そもそもデンマーク語は、たとえば日本語やアラビア語にくらべればずっと英語に近いので、外交以外の分野でもよほど微妙な事項でないかぎり、英語を介して情報を収集することにそれほど問題はないと考える。さらに、デンマーク語や他の外国語ができる日本人外交官を養成するコストと、それによって得られる利益を衡量すればなおさら不必要なことなのである。

また、デンマーク外務省の人たちや、ジャーナリスト、研究者といった人たちから英語で情報を収集することは、彼らは「英語でもドイツ語でもフランス語でもどうぞ」という人たちが多いので、まず問題がない。

もうひとつ、印象的だったのは大使館の仕事の一環である、デンマークの学校を訪問して日本を紹介する授業を行なったときのことである。通常、こうした仕事は大使館の広報担当官が行うのだが、私が勤務したころのデンマーク大使館では企業や他省庁からの出向者も含め、他の担当官も積極的に参加しており、自分も日本について英語で授業を行うという貴重な経験をすることができた。

デンマーク人の英語力は高いとはいうものの、学校で英語教育が始まるのは十二歳ごろからと、日本とそれほど変わらない。そのため、中学生くらいの生徒たちに英語で話す際には、難しくない言葉や言いまわしで説明する必要があるだろうと考えていたのだが、そんな心配は不要であった。なにしろどの生徒たちもこちらの話す英語を理解するのにまったく問題がないどころか、彼らが質問するときの英語の方がイギリス人のようなうまい英語だったりすることもあって、逆に自分の英語が恥ずかしいくらいなのである。

結局、デンマーク人の若者にとって、英語は学校で学ぶものというよりも、テレビや映画、雑誌、本、それにコペンハーゲンなどの都会であれば、日常生活の中で出会う外国人とのコミュニケーションを通じて、日常生活の中で自然と身につくものなのである。MTVやBBC、CNN、それに決してデンマーク語に吹き替えられることのないアメリカの映画やドラマをみていれば、英語がうまくなるだろう。ドイツのMTVはドイツ語、フランスのMTVはフランス語だが、デンマークを含む北欧地域のMTVはスウェーデン人が「英語」で話していたりする。MTVが英語なのは、数百万人しか人口のいないデンマークのために、わざわざデンマーク語版を作るのは割にあわないといった理由があるのだろうが、とにかく若者向けの音楽番組ということで、英語であっても問題ないのである。

だから、たとえば大使館のある現地職員は、長男が小学生の高学年くらいの年齢で、まだ学校で英語の授業は始まっていないのだが、「私の息子の英語は結構うまいわよ」などと普通にいえるのである。日本人にはなかなかいえないセリフである（嫌味ととられかねない）。

日本でも、食糧自給率は五十％以下で半分以上は輸入品に頼っているとか、そもそも日本経済は外国との貿易なしにはやっていけないから国際理解や外国語教育が重要だとかいう議論は尽きないが、国内で普通に生活する限りは日本語だけでまったく問題ないといえるだろう。しかしデンマークでは、総人口に占める外国人の割合が五％に達しているし、コペンハーゲンなどでは、デンマーク語だけでは外国人観光客相手の商売は成り立たない。

また高校を卒業し、大学生になるとどうなるか。人口五百万人程度のデンマークでは、限られた数の大学生のために海外の書籍をデンマーク語に翻訳するということは経済的に割にあわない。だから、デンマークの大学で使われる教科書や専門書は外国語がほとんどである。日本では、翻訳が比較的充実していて、多くの出版物を日本語で入手できる。その意味では日本は幸せだといえるかもしれない。古今東西の世界の名作文学作品だって、多くが日本語に翻訳されている。しかしながらそのことで逆に、大学で国際関係論を専攻したのに、外国語がほとんどできないという皮肉な事態を生じうるのである。

加えて、あらゆるものが自国語だけで足りてしまうことで、多くの日本人は日本のテレビや新聞からしか他の国々の情報を入手しないから、必然的に情報源が限られる。このため世界の情勢認識に偏りが生じる危険性があると思う。これは英語だけで物事をすませられる英語圏の人々も同様だろう。

デンマーク人と外国語

他方、デンマーク人が接する外国の情報も、偏りが生じる場合がある。デンマークのマスメディアが日本に駐在させている特派員は、私がデンマークにいた当時は全メディアでたった一人だったし、現在ではその一人もオフィスを引き払って、今は誰もいないと聞く。つまりデンマークのメディアは、もっぱらニュースソースを通信会社の配信記事や他国のメディアの報道に依存しているわけで、日本という国の大きさや存在感に見合っていないと思うが、逆にいえば、日本に対する関心度合はその程度だということでもある。そのために、一九九九年に起きた東海村の原発放射能漏れ事故の際には、「日本は地震国なので災害には慣れている」とか「運を神に任せているから冷静だ」などという理解不能な記事が平然と新聞に掲載されたのである。

なお、とくに教育水準の高いデンマーク人の多くが、英語やドイツ語などの外国語メディアの報道に接する機会が多く、きちんと理解することもできる。日本人の接する国際情勢に関する情報にくらべれば、ある程度は偏りが少なく、視野が広いということもあるかもしれない。ちなみに、デンマークにおける第二外国語、第三外国語の教育は高校・大学で順次始まるが、近隣ヨーロッパ諸国の言語、すなわちフランス語、ドイツ語、スペイン語といったところが主に選択されるようである。語学は若いうちに学ぶに越したことはないのだから、日本でも近隣の言語である中国語や韓国語くらいは高校で学べるようになれば、今後の日本人の国際感覚の向上にも資するのではないかと期待する。

ちなみに、ＥＵが二〇〇〇年に行った調査によれば、デンマークでは英語で会話できる人口の割合が七八％、ドイツ語が四三％、フランス語が十四％だった。とくに若者に限れば九十％以上が英語で会話できるということで、この数字は非英語圏ではスウェーデン、オランダと共に世界のトップクラスである。

ドイツ語の四三％というのもオランダに次ぐ数字である。

そんなわけで、まともに英語が話せる日本人がどれほどいるかを考えると、デンマークの外国語教育はもう十分だと思うわけだが、私が教育省のある顧問の方と話した際にこの点を尋ねたら、逆に最近、若者の間に英語だけができれば十分といった風潮が広まっていることが問題だといわれたことがある。外国語はフランス語、日本語、中国語……といろいろあるのだから、英語だけができてもだめだということで、確かにうなずけるものの、レベルの高い要求ではある。

デンマーク人のドイツ語力

デンマーク人のドイツ語力については、次のような経験がある。二〇〇一年の二月、チボリ公園内のコンサートホールで、ドイツ出身の世界的なバイオリニスト、ゾフィー・ムターのコンサートが開催された。デンマークにおける最高のクラシック音楽の賞である「ソニング賞」が彼女に贈られることになったため、記念のコンサートが開かれたのである。ところがこの日、コンサートホールにやってきた観客には風邪の人が多かったのか、演奏中に咳をする人が続出。せっかくの演奏なのに雑音で集中して聴くことも難しいような状況になってしまった。あまりにひどいため、ついにステージ上のムターは集中力が途切れたのか、観衆に向かって、「演奏中は咳をやめて下さい。咳をするときはハンカチで口をおさえて下さい」と英語でいったのだった。演奏者がステージの上から観客にそんなことをいうなんて異例な事態である。

ともあれ、演奏終了後、彼女に賞が授与された。ドイツ人であるムターに対して、プレゼンターがドイツ語で賞について説明し、ムターの功績を称え、賞を授与したが、これは受賞者がドイツ人だから当然のことだろうと思った。クラシック音楽に関わる仕事をしているデンマーク人がドイツ語くらいできるのは当然でもある。しかし、観客に対してデンマーク語への通訳がないのである。デンマーク人の観客はこのドイツ語を理解しているのだろうかと疑う私。演奏中に「せきを止めて」は英語でいったムターも、そんなわけで、受賞のスピーチは自然な流れでドイツ語になってしまった。しかし、ドイツ語がほとんどわからない私をよそに、ホールの観客は皆、彼女のスピーチにうなずき、彼女のジョーク（？）に笑っていたのだった。

当日そこにいたデンマーク人の観客すべてが、ドイツ語を「話せる」とは思えない。しかし、ムターがゆっくりと話せば、過半数の人たちは「理解」できたということだろう。一方、日本でムターが通訳もなしに観衆に対してドイツ語で話しかけるとはまずありえないだろう。

余談ながら、デンマーク外務省が行う外交官採用試験には、外国語は含まれない。外交官になるためには、政治や経済学等の修士号を有していることが求められるが、そのような学歴と外交官になりたいというようなデンマーク人は、そもそも英語に加えて、ドイツ語やフランス語などの第二外国語も当然できるようになっているから、外国語の試験など不必要だというのである。外国語の試験を課されていても、外国語がさほどうまくないといわれる日本の外交官にとっては形なしである。

ちなみに、米国と英国でも、外交官になるために、外国語ができなければならないということはない。

何かしら外国語ができればそれだけ有利ではあるが、採用試験で外国語は求められていない。英語は世界中で通じるからだ。しかし、日本語やデンマーク語といった「内輪」だけで理解しあえる言語があると、たいへん有利な場合もある。コペンハーゲンでは誰でも英語を理解するから、イギリス人やアメリカ人は、秘密の会話を聞かれないように苦労しているに違いない。

なぜ買売春や同性どうしの結婚が認められるのか

デンマークでは買売春は違法ではない。そのため海外で国連の平和維持活動に加わっていたデンマーク人兵士が買春をしたことはそれ自体とがめられないが、相手の女性が貧しさゆえに本人の意思に反して連れられてきていたのではないかという点についてはデンマークのメディアで取り上げられ、問題となっていた。しかしながら、オランダ・アムステルダムの飾り窓地区のような場所はデンマークにはないし、もちろん新宿・歌舞伎町のような欲望むき出しの場所もない。夜の街で売春婦が男性を誘っているという光景もまったく一般的ではない。そういう意味で、風俗が乱れているという印象はまったくない。

また、デンマークでの貴重な体験といえば、こんなこともあった。行きつけの散髪屋のお兄さんに、「この間、『夫』とイギリスに旅行したんだ」なんてさらりといわれ、「楽しかった?」以外に何を話してよいのかわからなかったこと。アパートの管理人のおじさんの家にお邪魔すると、マッチョマンのヌード写真が堂々と飾ってあって、苦笑いでもすればいいのかなあと思ったこと。とにかくこっちは慣れていないものの、相手が平気だからそんなもの、大したことでもないのかと思ったことがある。

一九八九年、デンマークは「登録パートナーシップ制」を制定し、世界で初めて事実上の同性同士の結婚を認めた。改めて述べる必要もないと思うが、結婚によって得られる効果とは次のようなものだ。ほとんどは人間が社会生活をいとなむうえで、必要不可欠な制度なのである。たとえば、夫婦の一方がある国に入国するためのビザを取得すれば、その配偶者も入国が認められる。夫婦の一方が死亡すれば、配偶者は遺産を相続でき、遺族給付も受けられる。税金の配偶者控除が受けられる。日本の場合、夫婦であれば住宅ローンが受けやすい。結婚とは、これらの効果を享受できる前提条件なのであり、逆にいえば、結婚が認められなければ、そのパートナーにとっては、自らの生存権にも関わる問題であるといえる。

好むと好まざるとに関わらず、人間も含めた生き物のうち、いくらかの割合で、性的な側面も含めて性向の相違が生じることを自然の摂理ととらえるならば、同性愛を性的な錯誤であるとか、そのために本人の社会性や道徳性を疑うということは正当な考え方ではない。人間には身長の高い人、ハンサムな人、ブスな人、目がみえない人、心臓が弱い人、髪の毛の薄い人、内気な人、積極的な人、若い人、年老いた人、みた目や性格的にいろいろな人が存在するが、そのことで当然認められるべき権利が制限されるとしたら、それは決して正当なことではない。

デンマークでは、とにかくあらゆる個々人が、「自分自身」が他人に干渉されず自由に生きたいように生きる権利、すなわち生存権、を追求した結果、今日の社会システムに到達したのだろうと思う。そもそも、デンマークの社会では、いろいろな人たちがいるという現実を素直に受け入れようとする傾向が強いように感じる。その点は島国で、人種的にも文化的にも同質性の強い日本とは大きく異なる。日本は、自分が他人と同じだと感じられれば、これほど居心地のよい国はないだろうが、自分が他人より優れているとか劣っているとか、何らかの差異を感じるときには、「和」とか「協調性」の縛りの中、非常に圧迫感を感じる社会であろう。

なぜ日本では買売春や同性同士の結婚が認められないのか

デンマークでなぜ買売春や同性同士の結婚が認められるのか？　というのと逆に、日本ではなぜ買売春や同性同士の結婚が認められないのか？　という問いについて考えてみるとわかりやすいかもしれない。あることを認めない、ということはすなわち、ある一つのことに制限するということである。デンマークでは一つに制限していないが、日本では一つに制限する必要があり、そうしてきたということだろう。どういう必要かと端的にいうと、おおよそ次のようなことであると思う。

日本は戦後、国家全体として経済の復興をなにより優先し、協調して努力してきた。個人のレベルでみれば、それは企業組織の一員として働くことが第一であった。また、軍国主義に対する反省から、国家や安全保障について考えたり論じたりすることは抑圧されてきたが、経済発展至上主義の中では、そこまで考える余裕もなかったのかもしれない。他の選択肢をとらず、経済発展の一点だけに力を集中することにより、一九九〇年代までには日本経済はいわば世界最強といえるくらいの地位を獲得した。

しかしながら、所得水準でみれば世界でも最高水準に入る私たちは、いわばお金を得ることのみに猛進するよう強制された結果、多くの重要なことを見過ごしたり忘れてしまったのではないだろうか。

たとえば、祖父・祖母の世代とは無縁で、両親にもほとんど経済的に依存するだけの関係になっている現代の日本人は、いったい何を前の世代から継承しているのだろうか？　人間という生物が、自分の孫や曾孫の世代まで見届けられるほど長い寿命を有するということは、それだけ後世に伝えるべきものがあるからであり、それがすたれてきているということは、種にとっての危機ですらあると私には感じられるのである。

デンマークでも、法的な結婚制度に対する国民の意識の相対化とでもいうべきなのか、法的な結婚をしないカップルやその間の子どもについての不平等、不利益をできるかぎり少なくしてきた結果、離婚率が高いなどの問題が生じている。しかし、一般的にみれば、デンマーク人の家族の絆はとても強い。三世代が同居することはまずないし、子どもも高校を卒業すれば独立するのが普通だが、祖父・祖母とその子・孫の関係は近く、家族の伝統や知恵の継承が着実に行われているように思われる。

また日本人と同様に、宗教心が弱い一方で豊かな先進国でありながら、そして買売春や同性愛者の事実婚が認められ、さらに、深夜とはいえない時間帯からテレビに堂々とモザイクなしで全裸の男女が映しだされるような社会であるにも関わらず、なぜ若者の性的な非行が多くないのか？　国民投票や国政選挙の九十％を越える高い投票率にみられるように、なぜデンマーク人は社会や国家についての問題意識が高いのか？　日本にみられる女子中高生の売春や少年犯罪の凶悪化、企業犯罪や政治家・官僚のモラル低下といった諸問題は、なぜデンマークでは大きな問題となっていないのだろう？

これらの差は、つまりこういうことではないだろうか？　私たちが社会生活をいとなむ際、他人に迷惑をかけなければ何をしてもいいというわけではない。どんな生活スタイルを選択するにせよ、社会において生きるためには一定の義務を果たす必要がある。デンマークと日本の最も大きな違いはこの点にあるといってもよいだろう。

古い軍国主義から脱却し、社会の安定と秩序を維持しながら経済発展を実現する、という唯一の目標を達成するためには、古い価値観を捨て去ったうえで、ある種の社会的な統制が必要だったのであり、厳格な家族制度や、猥褻というような基準による事実上の「検閲」を残さざるを得なかったのは理にかなっていたのかもしれない。しかし、その結果生じる代償もまた当然認識されていたはずだ。仮にそうでなければ、このような統制をしてきた私たちの親の世代は非常に無責任だし、恥ずべきだろう。

バブル経済の頂点以降、日本が衰亡の道をたどっているとは思わないが、少なくとも一つの限界に達したとは多くの人が感じている現実ではないだろうか。こうした状況を予想しつつ、あえて日本人は自らの道を選んできたのだ。そのことを一九九〇年代の日本人はなかなか直視しえなかったように思う。

しかし、ある国と比較して、一部の問題が大きく見えるからといって悲観することはまったくないと思う。鏡がなければ自分の姿はみえない。その鏡を利用すればいいだけの話である。今日、自分の本来の姿、歴史とそれによって発展してきた日本の姿を冷静に観察し、自らに合ったやりかたで進めばよいのだと思う。

夫婦別姓

デンマークをはじめとする欧州諸国では、夫婦別姓が認められている。日本でも、夫婦別姓を認めるように求める声が次第に強まっている。その際、デンマークや他の国が夫婦別姓を認めているということが、日本でもこれを認めるべきとの主張を裏打ちする根拠として使われることがあるかもしれない。

しかし、デンマークが採用している社会制度が、日本にとっても意味のあることだとは必ずしもいえないのではないかと思う。これは福祉制度をはじめ、デンマークが「進んでいる」といわれる他の制度や分野でも同様である。なぜなら、デンマークと日本とは、あまりに歴史や文化、地政学上の位置などの違いが大きいからである。

たとえば、デンマークをはじめ欧米諸国では、仕事上のつきあいのようなある程度フォーマルな関係であっても、互いをファーストネームでよびあう習慣があるが、これはかなり親しい友人であっても名字で呼びあうことの多い日本人の作法とはまったく異なるものである。つまり、欧米では、どちらかといえば、「姓」より「名」に重点がおかれているように思う。日本人にとっての「姓」の重みと単純に比較できないだろう。

また、正確にいえば、デンマークでは夫婦別姓が認められているのではなく、基本的に夫婦は別姓なのであり、そのカップルが望めば「同姓」を選択してもよいということになっている。そもそも発想が異なる。これは、デンマーク人の「姓」の種類があまりに少ないため、歴史的に「姓」のバリエーションを増やすことに政策的な重点がおかれてきたことも影響している。

なお、デンマークでは、夫婦がそれぞれの姓をあわせて新たな姓をつくったり（クリスチャン‐ハンセンなど）、相手の姓をミドルネームにすることもできるから、夫か妻の姓の二者択一ではない。日本では残念ながら、「田中山田」というような姓はありえないから、二者択一を強いられるわけだが、このことはデンマークにくらべて柔軟性を欠いているといえるのかもしれない。

最後になるが、筆者は、夫婦別姓の是非について確固たる信念はないものの、私たち日本人は、欧米諸国言語で自分たちの氏名を表記する際に、名・姓の順におきかえてしまうのはそろそろやめた方がよいと考えている。それこそ自らのアイデンティティーを軽視しているように感じるからである。

恥ずかしがらない

デンマーク人の変わったところに、裸を見られるのをあまり恥ずかしがらない、ということがある。日本人にだって恥ずかしがらない人はいるから、程度の差にすぎないともいえるが、ヨーロッパの中でもとくにデンマーク人が裸になるのを恥ずかしがらないことは有名なようなので、やはり国民性なのだろうと思う。スポーツクラブのロッカーなどでは、みんなすっぽんぽんになって平気な顔をしている。私は当然、男性用のロッカーしか利用しなかったが、そこに若い女性の掃除係が平気で入ってくる。そんなときも、デンマーク人の男性は（すっぽんぽんのまま）平気でその女性と会話したりしている。変わった国民だと思ったものだ。

これは自分で実際目にしたことではないが、デンマークの夏のビーチでは、女性がトップレスで寝そべり日焼けしている所に、遊んでいる少年たちのボールが転がりこんできても、女性は平然とそのボールを少年たちに投げ返す。少年たちも平然とボールを受けとり、また友人たちとの遊びに戻るという。コペンハーゲンの対岸、スウェーデンのマルメには「裸になることが認められている」専用のビーチがあるから、スウェーデン人はデンマーク人にくらべれば、裸をやや避けたいものとして考えているのではないかと思うのだが、どうなのだろう。

いずれにせよ、性的なことを恥ずかしいとか特別なことと考えないのはデンマーク人の特性の一つであって、検閲や規制がないことから、日本人にとってはポルノ天国のような存在だった時期もあったようだが、セックスを人間の通常のいとなみとして、あっけらかんととらえている感覚は、開放的であると同時になんともほのぼのしくもある。

一方、日本における性教育は、あまり肝心な所に触れたがらず、社会的にも写真や映像で全身のすべてを映し出すことが認められない。このように表現が抑圧されているためなのか、反面で不健全な性産業、性行為をなんとなく正面から見つめられない意識といったものにつながっているように私には感じられる。変にいやらしくて、女性を支配する願望だけがむきだしになっている感じの日本のアダルトビデオの表現には、デンマークのそれにくらべるとどうしても陰湿な印象を持ってしまう。しかしあまりこの分野における個人の趣味を明らかにするのも本書の趣旨ではないので、とりあえず以上にて。

国旗に寄せる思い

私はこれまで二十ヶ国以上を旅行したり訪れたりしたが、デンマーク人ほど国旗に誇りを抱いている国民はなく、日本人ほど国旗を愛さない国民はいないと思う。

デンマークでは一家に一本、必ずといってよいほど庭に国旗を掲揚するポールがある。いつもどこか自分のいる場所の近くに国旗が掲揚されている。

国の祝祭日には日本でも国旗を掲揚する人はいるが、デンマーク人は家族の誕生日にも国旗を掲揚する。コペンハーゲン中の路線バスが国旗を掲げることがときどきあるが、それは外国から国賓が訪れている日だったりする。お客様の国の国旗ではなく、なぜか自分の国の国旗なのだが、要するに理由は何でもよくて、ただ国旗を掲げたい口実が欲しいだけのようである。

一月と七月のバーゲンシーズンになれば、どこの店も万国旗ならぬデンマーク国旗の飾りで値引きを買い物客にアピールするし、スーパーには家庭でのパーティー用に国旗のついた楊枝や紙コップ、紙ナプキンなど、何でもそろっている。赤と白のシンプルなデザインの国旗は（日の丸と同じく）確かにかわいらしいし、青空に映える。しかし、私たち日本人が日の丸で同じことをすると、残念ながらやや不気味である。

とにかく、このようなデンマーク人の国旗に対する態度は、デンマーク人の国民性を象徴している。ちなみに、ユトランド半島の南部、デンマークとの国境に近いドイツ領内にもデンマーク系の人たちが住んでいる。かつてデンマーク領内だった地域である。そこに住むデンマーク系の人たちも、デンマーク人と同様にいつでもどこでもデンマーク国旗を掲揚するらしい。同様にデンマークの中にもドイツ系住民はいるが、彼らはドイツ国旗をそれほど気楽に掲揚できないそうである。

第二次世界大戦やそれ以前にあった戦争の歴史の記憶は、それほどまで深く現代の私たちの心の奥底にまで潜んでいる、ということだろうか。私は一九七〇年代の生まれで、日本に住んでいた間はそんなことはあまり感じなかったけれども、多くの国々が互いに国境を接するヨーロッパでは、国家間の歴史的なわだかまりのようなものが現代まで必然的に継続している。

かつてヴァイキングとしてヨーロッパ中を荒らしまわったデンマークはその後、幸か不幸か戦争をやれば常に負けた。そのためにスウェーデン、ノルウェー、シュレルヴィヒ・ホルシュタインを失い、第二次世界大戦ではドイツに占領され、アイスランドも独立してしまった。ちなみにアメリカの首都であるワシントン、中国の北京、ロシアのモスクワなど首都は広い国土の端の方に位置するが、デンマークの首都コペンハーゲンがまさにいちばん端にあるのはそういう歴史的背景がある。コペンハーゲンのすぐ対岸に広がるスウェーデンはかつてデンマークの一部だったのである。

このような歴史的な背景があっても、九州と同じ広さ、人口五百万人の小さな国の国民が、いくらナショナリスティックに国旗を掲げようが、はっきりいって誰も脅威には感じない。それにしても、人口五百万の小国ということもあるのだろうが、デンマーク人は誰でも、自分たちが一つのコミュニティの一員だと感じることができる。国旗を掲げることで、自分がデンマークの一員であることに誇りを感じ、同時にそのことに安心するのだろう。

デンマークの社会と経済

車を買うなら百八十％の消費税！

デンマークは自転車の多い国である。コペンハーゲンの駅前には日本のように自転車が所狭しと並んでいる。しかし、歩道にまで自転車が放置されているということはあまりない。デンマークでは、自転車が主要な交通手段の一つとして認められているので、駅前には必ず自転車置き場が整備されているといってよい。

デンマークで自転車が普及している理由はいくつかあるが、何といっても土地が平らであることが大きい。国内で最も高い地点が一七三メートルの国である。コペンハーゲンの郊外にも、「丘」はあるが、自転車にとって障害になるような急な坂にはまずお目にかかれない。

また、自動車と違って排気ガスを出さず、環境にやさしい自転車の利用を、国がさらに促進しようとしているということもある。ガソリンを消費する自動車には約二百％の消費税が課されているのである。たとえば本体価格二百万円の乗用車であれば、消費税が四百万円になるから、合計六百万円の買い物となる。これは自動車産業を国内に有するスウェーデンやドイツでは絶対に不可能な政策だが、デンマークは幸い国内の自動車産業振興を考える必要がないという事情がある。また、こんなに高額では車はまず売れないから、デンマークでは自動車の本体価格自体が低く抑えられている。たとえば、（よその国では二百万円で売る車でも）定価を百二十万円にして、税込み価格を三百六十万円にするというぐあいである。

さらに、自転車専用レーンが車道と歩道の間にあるのは当然として、自転車同士の対面衝突を避けるために、自転車についても「右側通行」を義務化している（もちろん対向車線側にも自転車専用レーンはある）。そのおかげで、車も歩行者も入ってこない専用レーンを、対向する自転車もなく、スピードを出して通行できるのである。東京でもメッセンジャー便の自転車が都心の車道をガンガン走るようになった。自転車は法律的には軽車両だから車道を走るのは当然とはいえ、交通量の多い都心では危険だろうし、普通の人たちにはなかなかまねすることはできない。でも、コペンハーゲンでは老人から子どもまで誰でも自転車ですいすいとお出かけしているのだった。

スピードが出せる自転車専用レーンがあるからだろう、デンマークでは、いわゆるママチャリタイプの自転車よりも、MTBやロードレーサーなどスポーツタイプの自転車が多い。若い女性もおじさんも、さっそうと自転車で街を駆け抜けていく様は格好いい。日本ではそういう自転車を買っても、都会では狭い道路の路上駐車をよけながら走らなければならないから、爽快感を味わうのは少し難しいかもしれない。

また、デンマークでは電車やバスの中へ自転車を持ちこむことができる。朝夕のラッシュ時はさすがにコペンハーゲン周辺の路線では制限があるが、それ以外ではたいてい車内に自転車用のスペースがあったり、自転車を固定する器具が設置してあるから実際に自転車を車内に持ち込む人は多い。もちろん、自転車をのせる人（車椅子やお年寄りなどに対する配慮も当然含まれる）のため、駅構内にはスロープやエレベーターが完備している。自宅から駅まで自転車で行き、電車に自転車ごと乗り込み、どこか郊外まで行き、その場所でサイクリングを楽しむといったことが可能なわけだ。

このようにデンマークにおける自転車の位置づけをみてみると、駅前の放置自転車をただ悪者扱いしてこれを取り締まったり、鉄道会社に課税しようとする日本とはまったく異なることに気づく。二酸化炭素による地球温暖化もそうだが、とくに東京など日本の大都市部では近年夏になると、自動車の排ガスやビル・自動車のエアコンの廃熱などによって生じる、ヒートアイランド現象とよばれる異常な暑さが問題になっている。だから排気ガスを出さない自転車で駅まで行って、公共交通機関である鉄道で通勤・通学する人たちは褒められ、もっと奨励されるべき存在のはずである。さまざまな利点のある自転車の利用を抑制しようとする政策はいかがなものかと思う。

もちろん、自動車産業が存在しないデンマークと、なんといっても自動車製造が戦後の経済成長を支え、基幹産業となっている日本を同一に論じることは到底できないのだが、狭い石畳の古い街路を守りつづけ、高架の高速道路を認めないデンマークと（北欧でも自動車産業を有する隣国スウェーデンには、一部には高架の高速道路がある）、古い民家や商店街のすぐ真横や日本橋の真上のような場所を高速道路が走る日本とでは、景観や環境など、本来守るべきものへの意識があまりに違いすぎるといわざるを得ない。

さて、朝のコペンハーゲンは通勤・通学のため自転車に乗る人たちで混みあう。私もアパートから日本大使館まで、その中に混じって通勤した。デンマークのような北の国で、自転車通勤をするというのは、とくに冬の間、寒いのではないかと思われるかもしれないが、それほどでもなかった。手袋と耳当てをしていれば平気だし、まして自転車をこいで体を動かしているわけだから、すぐに体は温まる。それに、コ

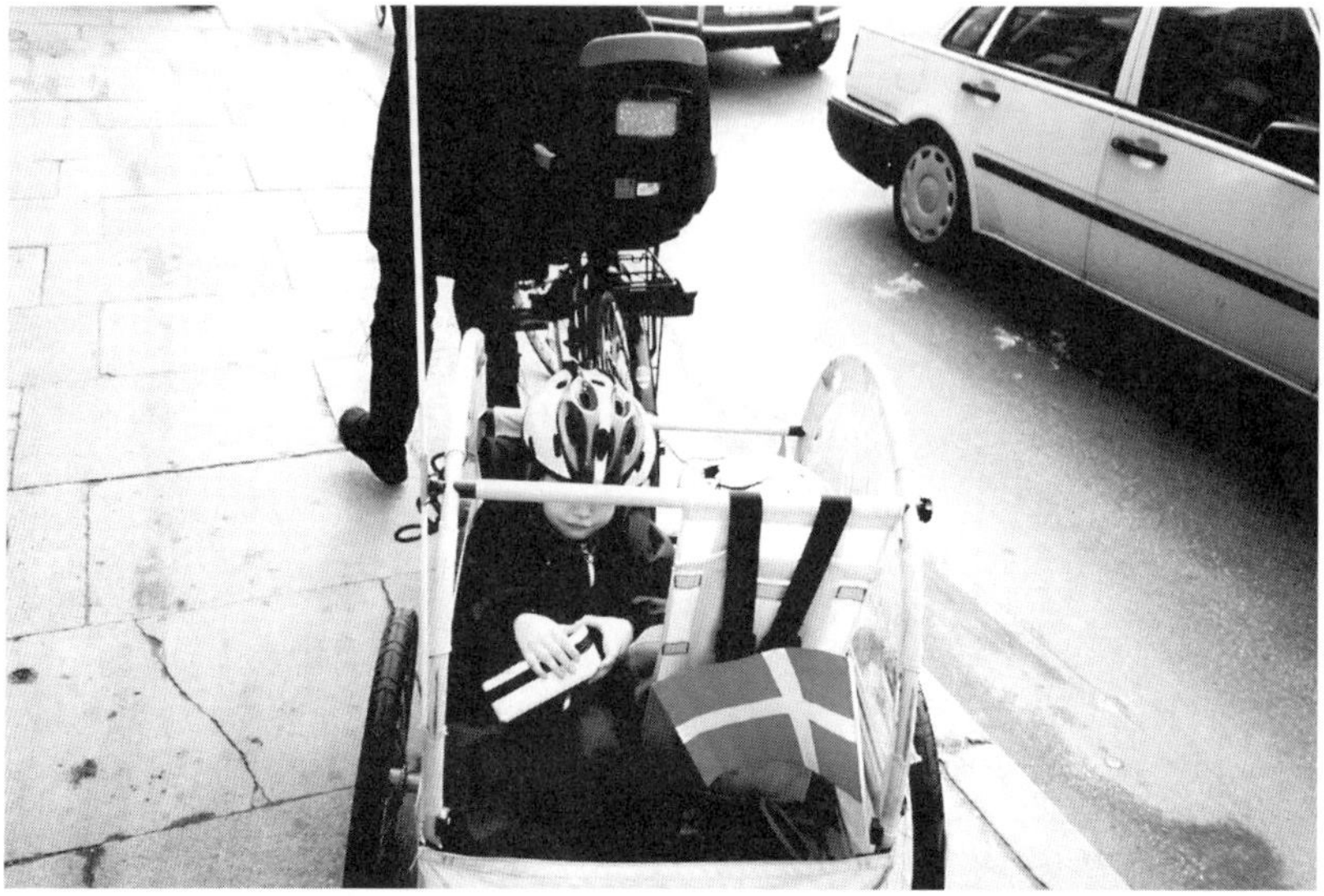

自転車にひかれて走る赤ちゃん用バギー。こんなところにも国旗が。

ペンハーゲンでは雪もそれほど降らないので、自転車に乗れない日はほとんどなかった。逆に夏は爽快そのものである。美しい街路樹の緑、オープンカフェでくつろぐ人たちを見ながら自転車で通勤していたとき、東京の満員電車で通勤していた自分を思い出しては言葉でいいつくせないほど幸福だったし、現在、再び東京の地下鉄で通勤しながらそれを思い出すと、当時の夢のような時間がとても懐かしいのであった。

ところでデンマークには、日本ではお目にかかれない面白い自転車がいくつかある。まず、ハンドルとサドルの間にベビーシートとよぶのか、赤ちゃん用の座席を取りつけた自転車。親の両腕に挟まれるような位置に赤ちゃんが座る。母親より父親が使う場合が多い。前に座っている赤ちゃんは必ずヘルメットをかぶらされている。また、東南アジアの街中でみかけるリキシャのように、自転車の後ろに車輪付きの赤ちゃん用のいすが連結してあるものもある。これには雨に濡れないように透明のビニールカバーがついている。デンマーク人はこうやって赤ちゃんのころから自転車に慣れてゆくのかもしれない。

また、前輪が二つあって、その間に荷台がついている自転車も多い。郵便屋さんもこの形の自転車で配達する。黒い郵便箱のついた黄色い自転車を、赤いウィンドブレーカーを着て街中を走り回っているのがかわいらしい。

とにかくデンマークでは自転車があれば便利である。コペンハーゲンのような街の中でも、一方通行やバス専用の道路が多く自動車は決して便利ではないし、自転車ならではの目線で見る風景や、さわやかな風も楽しめる。コペンハーゲン市内ならば旅行者用に、街のあちこちに二十クローネ硬貨を預けると借りられる自転車があるので試してみては（二十クローネは返却時に戻ってくる）。

（注）現在、レンタル自転車は硬貨ではではなく、クレジットカードで支払う仕組みとなっている。

ビンのデポジット

デンマークのスーパーマーケットやコンビニエンスストアでは、缶入りのジュースやビールを見ない。飲み物については、缶の容器の利用が禁止されているためである。金属を使用すると、最終的に処理するときの廃棄物の量が増えてしまうというのが、アウケン前環境大臣が金属製の容器を認めなくなった理由だそうだ。そのかわり、ジュースやビールはガラスビンかペットボトルに入っている。そのビンとペットボトル、どれも傷だらけである。ラベルだけは貼り替えられるが、何度もリサイクルされるので、洗浄や運搬の過程で傷がつく。

傷がつくまでリサイクルが繰り返されるのは、ビンやペットボトルがきちんと回収されている証拠でもある。回収率は九九％にもなり、一つのボトルが平均で三十回以上も使われるという。なぜそんなにきちんと回収されるのか？　それは使い終わったビンやペットボトルを店にもっていくと、一本あたり一・二五～五クローネ（約二十～七十円）をキャッシュバックされる（返してもらえる）からである。

どのスーパーマーケットにも回収マシンがあり、デンマーク人はビンやペットボトルをバッグいっぱいに入れて換金にやってくる。子どもたちにとっては、道ばたに落ちているペットボトルを拾ってコンビニにでも持っていけば、いい小遣い銭稼ぎにもなる。私も近くのコンビニにいくときには、洗ったビンやペットボトルを持っていくことにしていた。その分、買い物金額から差し引いてもらうのだ。

このシステムを維持するため、ビンの規格が決められていたり、飲み物については缶の容器が禁止されていたりすることが、外国からの輸入障壁だと非難されたことがある。実際、ＥＵ内でもフランスやスウェーデンでは缶入り飲料が売られている。そんなこともあって、デンマーク人は自らの社会システムをＥＵの水準よりも「優れている」との自負心を強く持つことになる。こういった制度に対する考え方の違いが、デンマーク人の対ＥＵ感情を良くないものにする一因になっている（追記：デンマークでは、二〇〇二年夏より、缶についてもビンと同様の回収システムがスタートすることになった）。
（注）　ビンやペットボトル、現在は一～三クローネ。

森

コペンハーゲンから海岸沿いに北上する道路は（日本人だけにしかわからないだろうが）デンマークの湘南と呼びたいくらいで、対岸のスウェーデンを臨む美しい砂浜の海岸線にアメリカ大使公邸などの豪邸が建ち並び、天気のよい日には多くの人たちがサイクリングやローラーブレードを楽しむ。この通りを二十分もいくと鹿公園という広大な公園がある。かつてはデンマーク国王の狩猟場でもあった広大なブナやナラの森に、なかなか姿をみせてくれないが、鹿が二千頭以上放し飼いにされている。公園内では馬車に乗ったり歩いたりしてのんびりと楽しめる。ヨーロッパ、とくに北欧の森には下草があまり生えないから、紅葉が散ったあとは樹間の見通しがよくなり、差し込む日の光と木々の影が美しい。秋だけではなく、長い冬の後、いっせいに芽吹く明るい春の新緑、生命力あふれる夏のもえるような緑、それぞれの季節を楽しめる森が首都にある。東京ではすっかり忘れていた自然の中に四季を求めることのできる生活の豊かさを改めて感じる。

国土の面積に占める森林の割合からいえば、デンマークにはそれほど森が多いわけではない。ただ国土が平坦なため、日本では森といえば近づきにくい山にあるものなのに対して、デンマークでは平地に森がある。その分、森が身近に感じられる。

コペンハーゲンから離れて郊外、田舎にいけばもちろん森が多くなるのだが、その多くが植林によってつくられた人工林だという。針葉樹林も多い。耕地用として開墾されてしまった土地に植林するという事

コペンハーゲン北部の森の秋。豊かな自然が身近に残る。

業は、百年以上も前に始められた。当時植えられた木は、現在では本当に立派な大木に成長していて、いわれなければ人工の森とは気づかないくらいだ。

天然の森でなく人工だからその分、自然の価値が低いとか、自然林の方が素晴らしいということは私はないと思っている。神戸の六甲山だって植林されたものだし、オランダの干拓地にも立派な湿地や森がつくられている。そこには昆虫や鳥、リスや鹿といった動物が文字どおり自然に棲息している。

日本ではどちらかといえば、自然は保護すべきものと考えられているように思うが、元の姿を取り戻すだけではなく、長い時間をかけて自然を創造するということも同様に重要なことなのではないだろうか。そもそも自然界に永遠不変な姿というものはないのだから。

お客様が神様？

「お客様は神様」である日本とくらべると、デンマークの店で買い物をする際の店員の接客態度はかなり違う。たとえば、デンマークにかぎらず他のヨーロッパ諸国でも同様だが、現在対応中の客を何より優先する。レジに客の列ができていても、店員は平気でのんきに、いや、親切に対応している最中の客の相手だけをする。日本であれば、「お待たせして申し訳ありません、もう少々お待ち下さい」といった言葉が出てきたり、とりあえず次の客の商品を預かったりするものだが、一般的にいって、デンマークではよくても「もう少し待ってください」というくらい。しかし、実際自分が対応される順番になると、後の客のことはあまり気にする必要がないのは悪くない。

そういえば、デパートでは店員が少ない。これは日本のデパートとの比較であって、ヨーロッパではどこでもデパートに日本ほどには店員はいない気がする。日本のデパートの洋服売り場などには、五メートル間隔くらいに店員が立っていて、商品についてちょっと聞きたいときなどはすぐに聞けるので便利といえば便利だ。けれどもデンマークのデパートでは、たとえば紳士服の異なる三つのブランドの店全部に一人の店員しかいないということすらあった。人件費が高いせいなのかどうかはよくわからない。ともかくそのおかげで、店員に話しかけられることなくマイペースでじっくりと商品を選べるということはあるかもしれない。また、日本の場合は無駄な人件費ばかり多くて、経営効率はあまり高くないような気もする。

店員が少ないのは経営効率などの考え方もあるだろうから、それほど驚くことでもないのだが、やや疑問に感じた点が一つあった。たとえば欲しいシャツがあるのに、自分のサイズがないとき。もちろんデンマークでも店員は在庫がないか調べてくれる。問題は、それでもけっきょく自分のサイズがない場合。「ありません」の一言でおしまいである。日本だと「すみません」の一言がまずあるだろうし、少なくとも次の入荷がいつになるとか、他の店の在庫状況とか、そういうことを知らせてくれるだろうし、客の好みに近い別の商品をすすめたりすることすらある。それがただ「ない」の一言ですませられると、商売する気があるのかと問い詰めたくなる。

次に、お店ではないが、コペンハーゲン空港でのこと。フライトのチェックインをする際、連休前であれば多くの観光客でカウンターが混雑し、長い列に並んで待たなければならないことが多い。だから少しでも短い列、回転が速そうなカウンターに目星をつけて並ぶのだが、あるときこの予想がまったく外れ、私たちが並んでいる列だけいくら待っても全然動かないということがあった。隣の列に並んだ方が早いかもしれない、いや、せっかくここまで待ったのだから、このまま待った方が……などと考えているうちに結局三十分ほども待たされ、ようやくカウンターまでたどり着いた。すると、私たちの並んだカウンターには中年ながら新人とおぼしき女性と、その女性にチェックインの方法を指導しているとおぼしきもう一人の中年女性が対応していた。新人なら仕方がないとは思いつつも、待たされたことがあまりに不快だったから、このカウンターに並んだらこんなに待たされた、急ぐ人にはこのカウンターは時間がかかるから他のカウンターに並ぶよう、案内があってもいいではないかと苦情をいった。しかしそのカウンターの女性、なんと私に向かって謝るどころか、「じゃあ他のカウンターに行けばよかったじゃない」と答えるではないか。お客に対してこんな対応は日本ではありえない。少なくとも「申し訳ありません」くらいはいうものだと思う。そんな状況で、私は何と反応すればよいかとっさにわからなかったし、私たちの後ろに並んでいる人たちもいるので別にそれ以上の口論はしなかったけれども、感じの悪い旅立ちとなった。

デンマーク滞在中はそんなことばかりだったから、日本に帰国して当初は日本人の接客態度があまりに丁寧すぎて、逆に客に対して卑屈になりすぎではないかとさえ感じた。文房具店でたかが数百円の買い物をしただけで、最大限にへりくだり、気持ち悪いほどの感謝の言葉を口にされるのはなんとなく居心地が悪かった。しかし、最近ではそんな日本人の接客態度も、それほどどうとも思わなくなってきた。マニュアル通りに、指導された通りに言っているだけで、必ずしも客とのコミュニケーションのためにしていることではないのだと思えば、こちらも気にしなくなる。しかしそれも何となくさびしいことではある。

デンマークの方がよいとか、日本の方が優れているとかいうことではない。違う国だから習慣なども違うことばかりなのであって、優劣の問題ではない。しかしながら、こういうデンマークは変わってほしくないなと思う。

ある月曜日の朝、大使館に出勤する途中、コペンハーゲンのセブン・イレブンで朝食のパンとジュースを買うためレジで並んでいて、眠くてあくびをしたら、店員がデンマーク語で何かいった。よく聞きとれなかったので、「何？」と英語で聞き返すと、「疲れてるの？あくびしてたから……」と私があくびをした仕草をまねていう。「うん、月曜の朝だから……」と答えて支払いが終わると、「Have a nice day!（よい一日を！）」と店を出ていく私にいってくれた。そういわれればこちらも「You, too!（あなたも！）」と返したくもなるではないか。

またある土曜の朝、いつものスーパーの魚売り場にハマグリの仲間の貝が並んでいたので、店の人に、「ハマグリ、いつもあるんですか？」と聞いてみると、「いいや、ほとんど入らないね」とのこと。お店の人も滅多なことでは入らないというくらい珍しいものならと思って、一パック買い物かごに入れた。それから売場を離れようとしたら彼は、「Have a nice weekend!（よい週末を！）」といってくれたのだった。

また、レストランで注文した料理を出されるとき、「Enjoy!」や「Bon appetit!」などとよくいわれる。とにかく、日本のコンビニやスーパーでこんなことはまずいわれないから、最初は驚いたけれども、何気ない一言が、一週間のスタートや週末を、心地よいものにしてくれるのである。「ボナペティ」といいながらあまりおいしくないレストランの料理なのに、デンマーク人はかように明るくて屈託がないため、こっちまで気持ちが和らぐのである。

後で気づいたことだが、「良い一日を！」というのは、デンマーク語でデンマーク人の客にもいっていることが多い。私もデンマーク語でいわれると、外国人として意識されていないのが何となく嬉しく、「You, too!」のデンマーク語を教わって、それ以降は、デンマーク語で返すようにしたのだった。

デンマーク人のラッピング

明らかに日本の方がすぐれているだろうと思われる点を一つ。商品の包装、ラッピングである。デンマーク人はラッピングが下手である。というよりはラッピングに対する意識が低い。あるいは日本人が外面的なことを気にしすぎているから気になるのかもしれない。デンマーク人にとっては、包み方より中身が重要なのだろう。しかし残念なことに、たとえばロイヤル・コペンハーゲンの本店でさえ、せっかく高額な陶磁器を購入したのに、その包み方は素人目にも何だか野暮ったく、とりあえず包みましたといった風でどうにも満足できないラッピングなのである。王室御用達でこの国が誇る有名ブランドでもこうだから、他のデパートや商店ではいわずもがなで、かわいらしいリボンをくるくるっとつけてくれたりはするものの、どうも繊細さに欠ける。日本の丁寧なラッピングを彼らに見せたい気持ちになる。

在デンマーク日本大使館では、ギフトラッピングコーディネーターの宮田真由美さんを招聘し、コペンハーゲンでラッピングの実演を行っていただいた。以下は彼女からうかがった話にもとづく。

日本の包装は、折り目の位置や、できるだけ少ないテープで止めるとか、必要最小限の面積の包装紙で包むとか、包装紙を使った後でも再利用できるように開封しやすい包み方をするとか、それは細かい配慮をする。日本人は、いただき物の包装紙をびりびりと破いたりはしないが、デンマーク人にプレゼントをすると、目の前でラッピングを破って中身を取り出すから、やはりその意識は圧倒的に違う。ちなみに宮田さんによれば、デンマーク人はリボン結びを知らないそうである。そういえば、デンマークで買い物をした際には、プレゼントのラッピングにリボンの形をした飾りをつけてくれても、一本のリボンを結ぶのではなく、リボンを折り曲げて巻いてリボンの形にしていたように思う。日本では、リボンの形を人に見立て、足が下、円になった部分が頭、つまり上に来ないと失礼（頭の部分を下にするのは亡くなった方に捧げる場合だけである)、といった一種の伝統的な考え方とでもいうべきなのか、そういう繊細で深い意識がある。こうした高度な人間関係の心遣いの伝統は、今後も受け継いでいきたいものである。

デンマーク人はなぜ三十歳になっても学生なのか

デンマークでも、コペンハーゲン大学などに日本(語)学科があり、日本語や日本文化・日本社会について興味をもって学ぶ学生は多い。私はそんな学生たちの何人かと友人になった。私がデンマークにいたのは二六～二七歳にかけての二年間であり、相手が日本に興味がある学生であるとはいえ、日本の感覚で考えると大学生の友人をもつには年齢的にギャップがありそうなものだ。だが彼らは大学生、あるいは修士課程の大学院生でありながら、たいてい私と同じような年齢だったため、友人になりやすかった。

学生の年齢が高めなのは、日本語学科の学生たちだけではない。三十歳近くになって修士課程を終えていないデンマーク人の学生は多い。日本なら社会に出るのが遅くなるとそれだけ生涯賃金が減るとか、そもそも企業に就職するのが困難になるといったことがあるから、二十代前半で大学を卒業することが一般的だろう。そのため、のんびりとしたデンマーク人学生の生き方が私には新鮮だった。

大学生の年齢が高めになる理由の一つに、デンマーク人の多くが、高校卒業後、大学入学前の期間に、一年ほど留学したり、海外で働いたりすることがある。外国語を勉強したり、インターンシップ制度などを利用して仕事をしたり、アルバイトをしたりするケースが多いようだ。英語でギャップ・イヤーという。

また、大学に入ってから、ギャップ・イヤーを楽しむ学生も多い。そのため、大学を卒業するのに五年や六年もの時間がかかってしまうのである。

そもそもデンマークでは学費が無料であるため、あまり経済的な心配をする必要がない。大学に進めば、逆に政府から助成金（現在月額約十万円）がもらえる。さらに、交換留学制度によって、海外留学を経験する学生がたいへん多い（英語など外国語の面で、苦労することが日本人より少ないのだろう）。

そういう事情から学生の年齢は概して高めであるが、社会全体からみれば、社会に出る若者の年齢が高いことは問題ではないかとの疑問が生じる。学生がみな三十歳近くになるまで働かないということは、社会全体の労働人口が少なくなるわけで、経済にも影響が及ぶのではないかということである。

しかしデンマークでもすべての人たちが三十歳近くになるまで就職しない、働かないということではない。デンマークは日本のように、ほぼすべての者が高校に進学し、その半数が大学に進むというような社会ではない。学問をやりたい者だけが大学に行き、さらに学びたければ大学院に進む。興味もないのに普通科高校にいったり、目的もなく大学に行ったりはしない。勉強が嫌いで高校卒業後に働くというのは一般的である。学歴や職業で収入が大きく変わらないことや、充実した福祉制度によって、失敗したときに面倒をみてくれるシステムが整っているから、形だけの学歴にこだわったりしない。社会全体としてみれば、それぞれにふさわしい職業や人生を選択する自由が大きいといえるのかもしれない。

ひるがえって日本をみれば、日本人は誰でも大学に行くが、大学生すべてが大学で学ぶべき高度な教養や知識を習得するわけではなく、ただ四年間という時間を経て、一サラリーマンとして大衆社会の一員となることが多いのではないだろうか。それに、大学で提供される教養や知識は必ずしも学生たちにとっては必要なものと感じられていない。同様に、企業や社会では、大学や、とくに文科系の大学院教育に対する期待は必ずしも大きくない。これは残念なことである。

また、デンマークをみて気づくことは、いわゆるギャップ・イヤーにおける社会経験や海外経験が、若者を人間的に大きく成長させることで、大学や大学院に進むにしても、彼らがその目的意識を明確に持っている、あるいは少なくとも、本人が興味のある学問を学んでいるという点である。

教育制度の細部をみていくと、たとえば計算の能力が高くないなどの問題も指摘されるのだが（八・五クローネのパンを買う際、十三・五クローネを払って五クローネのお釣りをもらうという計算は日本人ならたいてい普通にできると思うが、三・五クローネの意味が分からず、十クローネだけ受け取って、一・五クローネのお釣りを返す店員がデンマークにはいた）、社会を知らず、そのため大学の専攻も明確な理由をもって決めるわけではない学生が多い、あるいはこれまでそんな学生が多かった日本の状況を考えれば、デンマークの高齢学生も一概に否定されるべきではないのだろうと思う。

デンマーク人はなぜ働くのか

人間は生きるために働く。デンマーク人もそれは同じである。日本人だってそのことはよくわかっている。日本人は働き過ぎだという指摘はさんざんなされてきたものの、仕事だけではなく、人生をもっと楽しもうとする傾向が強まっているように思う。しかしデンマーク人をみていると、デンマーク人ほど人生を楽しむために仕事をしている人たちもいないのではないかと感じさせられる。

デンマーク人が仕事第一人間でないことは、次のような事実によって理解してもらえるだろう。まず、認められた日数の休暇は必ず取得する。デンマークでは有給休暇日数が年間二十五日程度ある。日本では多くの企業が最高で二十日程度の有給休暇を認めていると思われるが、日本の方が祝日が多いうえ、一週間程度の夏期休暇も取得できるため、認められている休暇日数は日本もデンマークもそれほど違わないといえる。どちらの国でもこれだけの休暇日数があれば、たとえば週に五日の休暇を四週間続けて取得する、つまり一ヶ月連続の休暇も理論的には可能である。しかし、日本では現実問題として連続一ヶ月間の休暇は不可能に近い。ところがデンマーク人はそれを実行している。デンマーク人でも実際に連続一ヶ月というのは多くはないかもしれないが、少なくとも三週間の夏季休暇を取得する権利が認められている。

私が働いていた大使館のデンマーク人スタッフも、たとえば同じセクションに三人いるところで、同時に二人が休暇を取得してしまうことがよくあった。その間、残された一人に仕事のしわ寄せがきていたに違いないのだが、休暇を取得するのは労働者の当然の権利のようで、不満や不平の声は聞かなかった。また、外務大臣だって八月の下旬になって夏休みを取得し、ＥＵの外相会議に外相の代理が出席するといったこともあった。夏休みのために諸外国の外務大臣との会議に欠席するなんて、日本ならどれほど批判が起こるだろう。

また、たいていのデンマーク人が残業をせずに定時に仕事を終えて帰宅するのも印象的である。街の商店も、コペンハーゲンの中心街ですら午後六時にはたいていの店がしまってしまうから、下手に残業すると必要な買い物ができない。そんなわけで、コペンハーゲンでは夕方の電車のラッシュアワーは五時から六時という早い時間なのである。

さらに、やや信じがたいことだが、とくに夏の天気のよい金曜日などには、早退する人が多い。短い夏の間の太陽の光を楽しまずにオフィスの中で働くなんて、というところだろうか。金曜の昼にデンマーク外務省の人と一緒にランチをした後に、聞き忘れたことを電話で確認しようとしても、天気がよければその相手はもうオフィスには戻っていない可能性が高いのである。そもそも金曜日の午後にアポイントメントを求めると嫌がるのがデンマーク人だが、実際その時間帯に外務省に出かけると、まだ三時ごろにも関わらずオフィスを後にする外務省の職員をたくさん見かけた。その日のうちにすませるべき仕事がとくにないとボスが認めれば、早退できるということらしい。

こういう例をあげていくと、デンマーク人は日本人にくらべてあまり働かないように聞こえるかもしれない。あまり働かないのにどうやって一定の経済水準を維持しているのか、という疑問も生じるかもしれない。しかしデンマーク人は働いていないということではない。就業時間中はまじめに働いているし、勤勉で個人の能力も高いと思う。デンマークから日本の現地法人に派遣されている友人によれば、日本人はデンマーク人の三倍も時間をかけて同じ仕事をするので、その非効率的なやり方に大変不満を感じているそうである。

また、前章で触れたように、彼らには自分の好きな仕事、自分にあった仕事をやる傾向が強いから、仕事に対するモチベーションもそれなりに高いと思う。そして何よりも、仕事や通勤だけで一日のエネルギーを使い切ってしまうということがないから、アフターファイブの時間に自分の好きなことをしたり、友人や家族と自由に過ごしたりする余裕がある。この点が日本とは大きく異なるわけで、そのことでデンマーク人の心身が健全に保たれているということもあるだろうし、仕事にだって逆に集中できるということもあると思う。仕事以外何も気分転換する楽しみも余裕もなく、平日は仕事だけで追われて疲れきっているようだと、仕事の能率だって上がらなくなるだろう。

かつて批判されてきた日本の会社中心に生きる人々の弊害の最たるものは、自分の所属する会社以外の社会に対する無関心さ、意識の低さにあると思うが、その点、デンマーク人の方が会社以外の家族や地域社会、国のことを考えるという意識は高いと感じる。だからこそ国の政治や地方自治、税金の使われ方といったことについて、多くのデンマーク人が高い関心をもっているのだろう。日本国民は、地域の教育や自然環境の保護、社会的弱者に対する政策や外交政策など、どれほど自らが問題意識をもって考えているだろうか。労働者一人一人が所属する企業の成長が国家の経済発展にどれほど重要であるかということは日本でデンマークであれ、いまさら疑問を呈する余地はない。しかし個人は会社組織の一員であるだけではなく、地域や国の一員でもある。その認識なしにすべて他人任せにしてしまうというのは、その人の視野を狭めることにもなるし、会社を辞めれば何も残らない、といったことにもなるだろう。これが健全なことといえるだろうか。

会社勤めの人たちが、年に一度くらいは数週間のヴァカンスを海外で楽しむようにでもなれば、自分の人生や国家について何かしら再認識するようになるかもしれない。しかしとりあえずはそんなに大げさでなくても、日常的に職場以外の人たち、友人とか近所の人たちとか、子どもたちの通う学校の先生とか、そういった人たちともっとつきあうようにするだけでも、その人の社会的な視野はずいぶん広がるだろう。

デンマークの経済

私はエコノミストではないし、大使館の仕事でも経済については担当しなかったが、デンマークの経済について少しだけ触れておきたい。

まず、基本的な事実を確認しておくが、デンマークを含む北欧は社会主義経済ではなく、完全な自由主義経済体制をとっている。北欧というと手厚い福祉政策や重い税金というイメージがあり、経済についても政府の関与が大きいのではないかと考えている人が意外に多い。しかし、政府が所有する企業は国鉄などにかぎられる。冷静に考えれば当然なのだが、世界に冠たる手厚い福祉を実現するには、そもそも経済に活力がなければならない。社会主義経済では活力ある経済を維持できないことは、冷戦の終焉が証明している。それに、資源が少なく人口五百万人程度の小国であるため、外国との貿易に大きく依存している。そのため、対外的にもオープンな経済システムを採用せざるをえない。

実際、デンマークの（個人）所得税率は最高六十％近くとたいへん高いが、法人税率は三十％であり（現在は二二％）、連結納税制度も採用されているから、経済活動への課税は他の先進国と比較して決して重

フュン島の麦畑にうつった巨大な風車の影。環境意識の高いデンマークでは、風力発電が発達している。

くない。政府部門はガラス張りで情報公開制度も発達しており、汚職などの腐敗もほとんどないことから、経済界の行政に対する満足度ではデンマークは日本の二倍も高くなっている。

このように自由な経済システムを維持する一方で、デンマークでは一九七一年に世界で初めて環境省を設置した。そして一九九二年には二酸化炭素税制度が、九六年からは硫黄酸化物の排出量を削減することを目的とした二酸化硫黄税制度が、さらに二〇〇一年になって二酸化炭素の排出権取引制度がそれぞれ導入された。どれも環境意識の高いデンマークらしい制度である。こうした環境保護を目的とした税制は、一見すると自由な経済活動を阻害するのではないかとも考えられがちだが、逆に環境にやさしい風力発電が発達し、発電用の風車はデンマークの重要な輸出品にもなっている。

そもそもデンマークの環境政策は、エネルギーや食料安全保障の観点、国民の健康を守るという国家的な目標に沿うもので、やみくもに自然環境の保護だけを優先し、経済の発展を阻害しようとするものではない。デンマークが社会主義ではなく市場経済の国であることは、環境を守るということを経済活動に内部化していく、つまり再生可能エネルギーの利用が利益につながる仕組みをつくっていることからもうかがえる。たとえば、風力発電については政府による電力買い取りが保証され、風力発電施設に投資した人が、売電による利益を得られるようになっている。また、環境破壊自体が国民の健康を悪化させることにより、ひいては医療費の増大をまねくという側面にも注目し、環境を保護することで、国民の健康を維持するコストが下がるという視点からも政策が立案する。たとえば、食品を検査するために多少のコストをかけたとしても、食品の安全性が保たれれば国民の健康は維持され、ひいては社会全体としてみた場合のコストは小さくなる、という考え方である。そうした取り組みの結果、デンマークでは過去三十年間、エネルギー消費量はほぼ同水準にとどめる一方、ＧＤＰは約八倍に増加した。

現在、デンマークの国民一人当たりのＧＤＰは、計算方法にもよるが三万ドルを上回っている。これは日本や米国とほぼ同じ水準であり、英国やイタリアといったヨーロッパの主要国とくらべてもかなり高い。スイスのＩＭＤ（経営開発国際研究所）が毎年発表している国際競争力ランキング（その国の経済状況、政府の効率性、ビジネス効率性、インフラの四分野を評価の基準とするランキング）では、デンマークは第六位で、世界のトップ水準である。（二〇〇二年、日本は第三十位）。また、デンマークの債券市場は課税される範囲が限定されていたり、非居住者の売買も自由であることなど規制がゆるやかであることから、額面総額の対GDP比が約一・六倍に達しており、経済の規模に対する割合では、ユーロ市場等を除く国内市場としては世界最大となっている。さらに、研究開発と教育に対する投資のGDPに対する比率や、国民一人あたりの特許件数をみても、スウェーデン、フィンランドなどと並び、デンマークは過去数年間、世界で最高水準にある。

日本とくらべてみても、たとえば失業率は低い（デンマークでは二〇〇〇年末で五・三%、日本では二〇〇二年度平均の政府見通しが五・六%）、財政収支も日本は大赤字だがデンマークは黒字を維持している。企業の開業数も人口百万人あたり年間約三千件で日本の約九百六十件をはるかに上回る。デンマーク経済があらゆる側面で素晴らしいとはいわないが、全体的にみれば、うまくやっているといっていいだろう。なお、デンマークの主要輸出品目は機械製品、化学製品、農産加工品であり、日本に対する輸出額では豚肉、医薬品、チーズの順に多い。ちなみに、デンマークは日本との貿易で黒字（＝日本の貿易赤字）となっている数少ない国の一つである。

さて、このように好調なデンマーク経済であるが、労働者の約三十三%が公的部門に雇用されており、GDPに占める政府支出の割合も二十五%近くになる。いずれも先進国では最高水準である。最高六十%近い所得税、二十五%の消費税によって、こうした巨大な公的部門が運営されている。

こうした重い負担と巨大な公的部門によって、デンマーク国民は、無料の医療、教育、老人のためのホームヘルパーといった手厚い福祉を享受しているのである。デンマークおよび北欧諸国の福祉制度については日本でも研究が進んでいるから、ここでは詳しく述べないが、たとえばデンマークでは産休は二〇週間取得でき、その間、給与の一〇〇％が保証される。育児休暇は三十二週間で、業種にもよるが給与の一〇〇％が支給される。日本は産休期間中の給与は三／二が保証されるが、その期間は十四週間であり、育児休暇中（子どもが一歳になるまで）は給与の五〇％が支給されるだけだから、その差は大きい。

このように、企業も国民も、負担に応じたサービスを受けている、あるいは受けられるとわかっているし、自己申告納税制度をとっているため納税への意識が高い。税金はとられるものではなく、自ら納めるものであるという意識が根づいている。日本人も自らが支払った税金の使途と使われ方が透明で、社会や自分にとって有効に使われていると感じられるなら、納税への意識も違ってくるだろう。国の規模の違いもあるから、デンマークのようにはなかなかうまくいかないかもしれないが。

デンマークの対外関係

日本大使館に勤めて

私が二年間勤務したのは日本大使館である。いわゆる「機密費」の事件以来、日本の外交官がいかに「機密費」をむさぼり、私利私欲を肥やしているかといったことに、あるいは田中前外相と外務官僚の間におこった異常事態に、メディアと国民の関心が集まった。私は二年間、ある意味では外交官としての「役得」にあずかることのできる環境で働いたことになる。帰国後、そういった観点から面白半分に、私の大使館勤務について質問をされたことも何度かある。

日本の外務省がこれまでかなりの不正と怠慢を繰り返していたことは事実であって、それは正さなければならない。しかしながら私たちは、なぜ国家は在外公館をもち、世界各地に、デンマークのような一般の国民にはなじみの薄い国にすら、外交官が配置されているのかを改めて考えなければならない。それはとりもなおさず、日本のため、日本の国益のためにある。つまり、「日本はどのような利益を求めて対外政策を遂行すべきなのか？」を議論することなく、数十億円の機密費の使途、管理のあり方、外交官の待遇や手当といったことだけを批判するということは、外交という目的を追求するための手段について批判しているに過ぎないわけである。

もちろん、使途が機密の予算だからといって、個人的に流用することなどまったく認められない。しかしその数十億円の管理方法や、外交官の待遇などだけを取り上げて批判してみたところで、そもそも日本として追求すべき外交政策の目標についての議論、認識が欠けていれば、その「手段」の改善の方向は見えないし、あるいは「手段」だけが改善（または単に変更）されても、外交目標の達成には何も役立たないことになってしまう。極端ないい方をすれば、国益に資する外交という目標を達成するために必要な手段をきちんと検討したら、機密費などまったく必要ないという結論だってありうるだろうし、逆に機密費を倍増させる必要がある、ということになるかもしれない。冷静に考えると、今日のような国際情勢のもとでは、情報収集のための予算は拡大されるべきだと思うが、そのような議論が一部の専門家以外あまりなされていないことは大きな問題だろう。とくに、メディアによって情報を得ている一般国民の間に、そのような認識はほとんどないのではないだろうか。外交の目的について国民の理解がない状況で、ただ批判され、締めつけられるだけでは、外交官は何のために日々の業務を遂行しているのか、その目標とやる気を失ってしまうのではないかと思う。

同時にこの批判は、外務省自体にも向けられるべきである。はたして外務官僚は、これまで真剣に日本が対外政策から得るべき利益について考えてきたのだろうか？　その対外政策の目標・利益に資する形での外交に必要な体制、すなわち組織や人事システム、をとっているのか？　この問いに答えていくことこそが、失った国民の信頼をとり戻す唯一の手段ではないだろうか。

いずれにしても、単に機密費が何割か削減され、外務省の人事が混乱するというだけでは、結局、私たち国民にはまったく利益がないということを、私たちは強く認識するべきだと思う。

日・北欧首脳会議と日本外交

さて、それでは在デンマーク日本大使館は、日本外交の目標に照らしてどの程度の存在意義を持つのだろうか。実はこの点、外務省内でもいま一つ認識に欠けているのが実状であると思う。対外政策の目標と、その実現のための外交体制については、実際のところ、かなり検討はされているのだろう。しかし日本とデンマークとの関係において、いかにして日本が利益を得ていくかという視点では、それほど考えられていないのが実状ではないだろうか。

そもそも、日本の外交は何よりもまず米国、そして中国や韓国といった近隣アジア諸国との関係が重要であって、ヨーロッパ諸国の中では、英国やフランス、ドイツなどといった大国についてはそれなりに関係も深く、報道や言論で取り上げられることも多いが、デンマークのような小国に対しては、一般国民はもちろん、政治や経済界の間でも、認識はきわめて小さいか、ほとんどゼロといってよい。

日本はデンマークを含む北欧五ヶ国との間に、一九九七年に第一回、一九九九年に第二回の日・北欧首脳会談を開催し、その関係を強化してきている（ことになっている）。たとえば、アイスランドで行われた第二回日・北欧首脳会談（当時の首相は故小渕恵三氏）において発表された共同宣言「人間中心の平和な世界を目指して―二十一世紀の日本・北欧パートナーシップ」では、「日本と北欧の首脳は、より人間中心の社会を実現するため、人間の安全保障の観点から、人間の生存、生活、尊厳に対するあらゆる種類の脅威に対処し、国境を越えた全ての協力の可能性を探っていくことの重要性を確認した」とある。タイトルといい、具体的な中身の文言といい、何やら壮大で大変素晴らしいことではないか。

しかし一九九九年から世紀を越えて二〇〇一年まで、在デンマーク大使館に勤務した私自身、この共同宣言の存在を意識することは正直なところあまりなかった。合意されたのは、「協力の可能性を探っていくことの重要性を確認した」ことであって、「実際に協力する」ことを約束したわけではないし、「協力の可能性を探る」ことだって約束したとはいえないのだが、首脳会談後、北欧諸国の日本大使館および外務省の北欧担当部局に勤務する人たちが、「人間中心の平和な世界」を目指して、どのような「協力」が可能かを念頭において、日々業務を遂行していたとはあまり思えない。アイスランドでの首脳会談を報道したメディアの人たちだって、その結果がどうなっているか興味をもって報道しているのを見たことがない。

現実には、九九年の首脳会談で合意された事項（①コソヴォを含む地域・民族紛争の解決へむけて、②国際社会の平和と繁栄への貢献、そして、③人間中心の社会の実現にむけての三点）のうち、たとえばコソヴォ問題については、日本側についていえば、ユーゴ周辺各国にある日本の在外公館や、外務省の難民関係部局などが直接関与するべきものであるし、デンマークとしても国連やＮＡＴＯ、ＥＵの枠組みにおいて日本とは関わりなく独自に対応しているわけだから、コペンハーゲンで日本とデンマークの外交官どうしが協力の方策を協議する必要性は、あまりない。

北欧首脳との合意事項三点はいずれも重要だし、世界の国々の中で、とくに北欧諸国との間で協力できる分野であることは確かだが、具体的な成果を出しにくい、あるいはその成果が国益として目にみえにくい目標だったといえるかもしれない。

ただ、九七年、九九年と続けて首脳会談を行ったために、次回は二〇〇一年の開催と続くことが期待されたものの、前回までの首脳会談後、そこでの議論や合意事項についてフォローアップがなされていなかったために、極言すれば、無理やり合意事項を実施したように「とりつくろう」必要があり、そのために次回の開催にうまくつなげられていないという事実はあったと思う。北欧側から度々、次回首脳会議の開催が打診されながら、結局実現せず、その間日本経済の停滞が続いていることで、北欧側の日本に対する関心が冷めてしまうのではないかと心配である。

日本にとっての対デンマーク外交の意義

私は本書において、自分の経験から感じたデンマーク社会、デンマーク人たちのさまざまな特性や実状を述べている。それはデンマークに対して、日本の外交、経済関係、文化交流、そして個人の思想や生き方といったさまざまな面で私たち日本側がより認識を高め、関係を深めることができれば、私たち日本人の利益につながる面があると感じるからである。つまり、たとえデンマークが小国で日本との間にほとんど問題のない国であっても、外交関係においては一定の重要性があるのである。

わかりやすい例でいくつか述べたい。まず、たとえば国連など国際的な関係においては、国の大小に関わらず、それぞれの国が等しい立場を有するということ。つまりデンマークも大国である中国やアメリカと同じ一票の投票権を平等に有するということであるから、小国といえども、決してぞんざいな扱いはできない。とりわけ捕鯨など日本と関心を共有する分野や、環境保護などデンマークが世界をリードし、影響力を有する分野では、日本としても密接な協力関係を有しておくことは不可欠だろう。

また、EUでは次第に大国の比重を大きく扱うような意思決定方式に改められつつあるが、一年に二回開催される欧州理事会（EU首脳会議）においては、依然として各国首脳一人一人が平等な立場で議論し、全会一致で合意事項を採択する。この点では、昨年まで九年間デンマークの首相だったラスムセン前首相は、EU各国の首脳の中でも最古参であり、議論にも強いことから各国首脳からは一目置かれた存在であった。大国に押されがちだった問題についても、最後の首脳会談では小国の首相ながら存在感のある彼のような首相がいたおかげで、デンマークの外務官僚たちはたいへん心強かったと聞く。そういうこともあるのだから、日本としてもデンマークとは良好な関係を築いておきたいものである。

さらに、バルト海を挟んで、旧ソ連そしてロシアという大国と向きあってきたデンマークは、日本海・東シナ海を挟んで旧ソ連・ロシア、そして中国と向きあう日本とユーラシア大陸の両端で似たような関係にあるともいえる。そうした地政学的位置にあって、米国と同盟関係を結んでいることでも共通している。欧州における冷戦が終了し、自国とロシアとの間にあるバルト三国が独立し、その三国がいずれはEUおよびNATOへ加盟するとみられる現在、デンマークは地域のさらなる安定と発展のために、バルト海沿岸諸国との地域協力に熱心だ。一方で日本は、まだまだ自国周辺で解決すべき問題が多い。直接デンマークの経験から学べることが多いとは思わないが、少なくともそれが我が国にとって無視できないことなのは確かである。

デンマークで日本と似た状況として、ボーンホルム島の領土問題がある。ボーンホルム島はバルト海にうかぶスウェーデンとポーランドの間にあるデンマーク領の風光明媚な島で、第二次世界大戦中はソ連が占領したが、一九四五年にデンマークに返還された。旧ソ連が自ら返還した、世界で唯一の占領地であるとされる。そのため北方領土問題を抱える日本政府は、いかにしてデンマークがソ連から領土の返還を勝ちとったのか興味をもち、調査をした経緯がある。残念ながらボーンホルムの経験を直接北方領土の返還につなげることは難しいようだが、ロシア人も条件によっては領土を手放す用意があるということはできるのではないだろうか。

デンマークの外交

私が大使館勤務中に担当したのは、デンマークの外交政策である。大使館には大使以下、経済や広報、領事等の担当がおかれているが、私は政務（デンマークの政治）の特に外交政策の調査を担当した。なお、日本とデンマークとの二国間関係に限っていえば、外交関係はきわめて良好であり、あまり問題はない。過去の歴史に問題があるということもない。二国間の貿易でみても日本が赤字となっている数少ない国の一つである。天皇家とデンマーク王室との間には親しい関係もある。そういう国だから、日本の対デンマーク政策は、何かむずかしい問題を交渉して解決するということよりも、二国間の協力関係をいかに発展させられるかとか、世界の問題にいかに協力して対処していけるかといったものになる。

日本との関係に問題がないために、一般の関心、あるいは東京にある外務省の関心も必ずしも高くないのは事実である。しかしデンマークの外交は、やはりデンマーク人の国民性や、デンマークそのものが体現されていると思われ、その意味ではたいへん興味深いものがある。それに小国であるからといって、欧州の国際情勢、ひいては世界の情勢を理解するためには無視できない存在でもある。

それでは、デンマークの外交政策とはどのようなものなのか。デンマークの一年間の外交を総括した外交青書（二〇〇一年版、※通常、政府が発表する報告書を「白書」とよぶが、外交分野だけは「青書」と呼ぶ）には、以下のような項目が取り上げられている。①EU拡大、②NATO拡大、③危機管理、④西バルカン問題、⑤（核兵器やミサイルの）不拡散、⑥中東情勢、⑦対アジア関係、⑧開発政策とアフリカ、⑨EUのニース条約、⑩ユーロ参加を問う国民投票、⑪拡大EUにおけるデンマークの役割、といった具合である。なお、③の「危機管理」とは、EUの共通安保防衛政策の進展とNATOとの関係を意味する。

①から④までと⑨から⑪はいずれもヨーロッパにおける問題であるが、ヨーロッパに関連する事項が多いのはデンマークの地理的な位置から当然だろう。デンマークはEUとNATOの拡大について、民主主義と市場経済の繁栄がひいては地域の安定と繁栄につながるという考えから積極的に支持するとしており、⑤の核兵器やミサイルの不拡散問題についても、デンマークは不拡散の動きを歓迎するとしている。

このようにしてみると、きわめてわかりやすい外交政策である。もちろん、外交青書とは外交における公の、あるいは表の顔を描く、極論すればPRのようなものであって、一国の外交についてありのままに暴露するようなものではないから、単純には受けとれないけれども、とにかくこのような単純明快な外交政策を目標にできるというのは、大国のようにさまざまなしがらみや影響力を有さない小国ならではの特徴でもある。

そもそもデンマークという国は、自国が貧困や戦争で苦しむ可能性など今日ではまずありえないから、自国の平和と繁栄がおびやかされるような危険性や、火急に解決が求められる重大な問題などないわけである。むしろ、現在の平和と繁栄をいかに周辺国、あるいは世界に拡大していけるかが課題だということだろう。

国際政治における小国の存在感

さて、デンマークにとって最も重要な対外政策分野といえば、ＥＵとの関係であるが、国連活動への貢献も同様にデンマーク外交政策の柱の一つである。デンマークが国連平和維持軍への参加や人道的支援の実施等に積極的であることはよく知られている。

デンマークの国民百万人あたりのＰＫＯ（国連平和維持活動）への派遣人数の実績は約十八人で、日本の五・八人、米国の二・六人、英国の十二・五人、フランスの八・三人、ロシアの二・六人、中国の〇・一人などとくらべると圧倒的に多いことがわかる（数字は国連の統計等から筆者が概算したもの）。経済力の弱い開発途上国は財政面での貢献が困難であることから、バングラデシュ（同四十三人）やナイジェリア（同二十九人）といった国の数字が大きいが、先進国や国連安保理事会の常任理事国とくらべるとデンマークの多さはきわだつ。また、文民警察官等を含めると世界各地に派遣されているデンマークの平和維持部隊・支援人員の総数は二〇〇二年六月現在で約千二百人であり、この数字はデンマーク国外に在勤するデンマーク外交官の総数にも匹敵するのではないかと想像する。私がデンマークに滞在していた間はエチオピア・エリトリアへの派遣が行われたが、メディアの報道ぶりは淡々としたもので、日本のようにPKO参加が政治的な議論になるということはまったくなかった。

なお、一九九六年十二月にはデンマークを中心とした七カ国が「国連緊急即応待機旅団」（SHIRBRIG）創設に関する宣言に署名し、国連によるPKOが派遣される前に紛争地域で活動を展開する部隊が設立された（本部はデンマークに設置）が、デンマークにはこのほか独自に、約四千五百名からなる国際部隊や「国際人道サービス」と呼ばれる民間人専門家の登録制度があり、これによって緊急時には、国連やNATOの活動に必要に応じて軍人・民間人を素早く派遣できる準備が整っている。

国際平和維持活動への参加を支える国防力に関しては、デンマークは徴兵制度をとっており、十八才から三十二才までの男子の中から抽選により一割弱が選ばれ、兵役についている希望しない者が強制的に徴兵されることはない。デンマークの国防費は一九八〇年代まではGDP比で二%台であったが、最近は約一・五%程度となっている。ちなみに日本はGDP比一%というのが防衛費の上限となっている（「防衛費」という言葉は「国防費」と異なり、何を防衛するのかがあいまいな言い方だと思う）。

話がそれるが、コペンハーゲンの王宮を警備する大きな帽子をかぶった兵士も職業軍人ではなく、徴兵された若者である。王宮警備兵になるには一定以上の身長と容姿端麗であることが求められるそうで、ただでさえ身長が高いうえにあの帽子のおかげで大変なのっぽにみえる。毎日、マーチングバンドの音色にのって王宮と兵舎の間を行進する兵士が通り過ぎるのを、通行中の車が文句も言わずに待っているのは何ともいえず平和な光景だった。

実際、デンマークは平和であり、国防上の危険が差し迫っているようなことは全くない。それなのに、なぜ国民の国防および国際社会の平和維持に対する意識が高いのか？　この点、よく言われるようにデンマーク人の「人道主義」が、国際社会への貢献に熱心な理由であるということも、なくはないだろう。しかしそれよりも私は、そもそもデンマーク人の国防意識の高さにより深い印象をもった（日本のような国防意識の弱い国に生まれ育てば当然かもしれないが）。そもそも自国の平和を維持しようという意思があるからこそ、国際社会の平和に対する貢献にも熱心なのだと思う。

それは、とりもなおさず小国が生きのびるために当然備えるべきことなのだろうが、特にデンマークの場合は、戦争になって国王が組んだ同盟国が必ず敗者になるという悲しい歴史、大国ドイツに接するという不幸な地政学的要因によるものだろう。何しろノルウェーやスウェーデン、ドイツの一部はかつてデンマーク領であったし、さらにはイギリスやフランスの一部までかつてのヴァイキングは支配したというのに、今日のデンマークは自他共に認める小国へと成り下がってしまった。その結果、デンマークは自国の防衛および国際平和に敏感になったのではないか。もちろん、小国だから、他国から軍事的な警戒を受けにくいという要素はあるだろうが、その積極的な国際活動への貢献によって、デンマークは国際社会における今日の確固たる地位を占めるにいたったのである。

もっとも、EU、NATOがかつての旧ソ連の諸国やその同盟国にまで拡大しようという今日、直接的あるいは潜在的な敵国を失ったデンマークでは、国民の国防意識も下がらざるをえない状況となっている。ピーターセン前外務大臣の息子である有力国会議員が、将来的に北欧諸国間で陸・空・海軍力をそれぞれ分担して担当する案に言及したことなどは、いわゆる「平和ボケ」に近いものかもしれないが、デンマークでもそういった状況があるのである。

デンマークの対外援助政策

各国のODA（政府開発援助）の額（**グラフ1**）をみていただきたい。デンマークは日本、米国などにつづいて、世界第九位の金額を誇っている。人口五〇〇万人に過ぎない小国が、人口が四〇〇〇万人近いスペイン、一六〇〇万人のオーストラリアなどを上回っている。国民一人あたりではトップであり、米国の十倍にもなる（**グラフ2**）、対GNP比でみると、デンマークはダントツの世界第一位で一％を超える。日本は〇・三五％、米国は〇・一％にすぎない。平たくいえば、デンマーク人は自ら稼いだお金の一％以上を、他国への援助に使っているのである。また、世界の最も援助を必要としている人たちに対して援助を行うという方針から、デンマークのODAの対象となっているのは最貧国ばかりで、デンマーク企業の利益になるかどうかといったことはあまり考慮されていない。

私は、別にデンマークの対外援助の正当性とか妥当性とかを安易に判断するつもりはない。北欧型の開

DAC 諸国の国民一人当たり ODA

（単位：米ドル、%）

国　名（注）	99 年	順　位	98 年
デンマーク	325.8	1	321.5
ノルウェー	307.2	2	298.2
ルクセンブルグ	276.7	3	260.5
オランダ	198.2	4	193.8
スウェーデン	184.0	5	177.7
スイス	135.7	6	126.3
日本	120.9	9	84.1
フランス	95.4	7	97.6
フィンランド	80.5	10	76.9
ベルギー	74.2	8	86.6
ドイツ	67.2	11	68.0
オーストリア	65.1	13	56.4
英国	57.2	12	65.2
カナダ	55.7	13	56.4
オーストラリア	51.8	16	51.3
スペイン	34.6	18	35.0
米国	33.5	20	32.5
イタリア	31.6	17	39.9
ポルトガル	27.6	21	26.0
ギリシャ	18.4	22	17.0
ＤＡＣ諸国平均	67.1		62.3

出典：2000 年ＤＡＣ議長報告

注：(1) 国名の順は 99 年の一人当たり ODA の多い順。

(2) ギリシャは 1999 年 12 月に DAC 加盟。

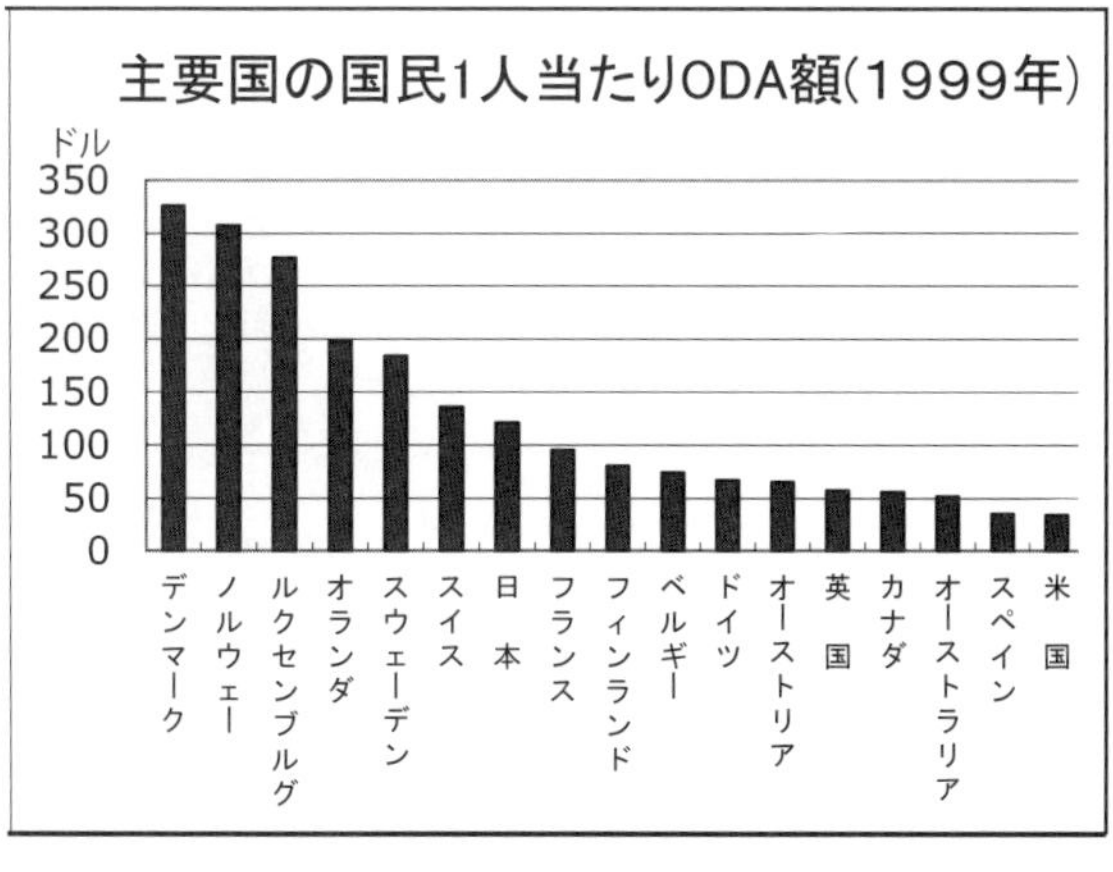

発援助にも批判があることは事実だし、日本が外国からも自国からも、日本らしい援助として認められるようなODAを遂行しているか考えると、疑問がないわけではない。援助そのものの分析は開発経済学などの専門家に任せるとして、それよりも単純に、少なくとも金額でみればデンマークは世界で最大の援助を行う国だという事実、それを可能にしている理由に注目したい。もちろん理由の第一は、社会が経済的に豊かであり、援助をする「余裕」があるということだろう。しかし他方で、デンマークと同様に豊かな米国や英国といった国は、国民一人あたりにすればデンマーク人の四分の一程度の額にとどまる。これらの国には軍事力や経済力、あるいは旧植民地の宗主国としての国際政治における影響力があり、外交の手段が援助に限られない。つまり、外交という面に限っていえば、援助はそれほど必要ないのだといえる。しかし逆にいえば、デンマークは援助以外にそれほど大きな外交手段を有するわけではない。このことは日本も共通するが、そのために相対的に援助規模が大きくなっているということはあるだろう。

改めて「豊かであるために援助をする」ということについて考えてみると、そもそもデンマーク人は、自らの社会を「豊かな社会」だと信じており、そのため、世界の困っている人たちを助けなければならないという義務感あるいは親切心を持っていることは確かだろう。自分の稼ぎの一%も他人のために使うというのは、よほど自分たちの心にゆとりがないとできないことだと思う。デンマークが、国民一人当たりの援助額でトップであるように、彼らの物質的な豊かさまで世界一なのかは筆者の知るところではないが、少なくともデンマーク人は心にゆとりを持っているのではないか。そのことは本書でこれまでも述べてきたし、デンマークに住んだことのある人であれば、皆感じることだと思う。

それでもあえていえば、私はデンマークが日本やアメリカにくらべて物質的な面での豊かさで上回っているとは思わない。食生活、スーパーマーケットやデパートの品ぞろえ、エンターテインメントの充実度などを比較すれば、デンマークはアメリカや日本に劣るだろう。一般にデンマーク人の生活は質素である。しかしながら日本人やアメリカ人は、豊かになればなったでさらに欲求はとどまることをしらず、満たされていないように感じてしまうようなところがあると思う。デンマークでは、たとえば自然に親しみ、素朴ながらも精神的に豊かな生活を送って満足している人たちが多いのとは対象的である。

他方で、私はデンマーク人の精神性に、自己陶酔のようなものを感じることがある。自分たちはアフリカやアジアの人たちよりも素晴らしい、恵まれた社会に住んでいるのだ、といった感情である。アフリカやアジアばかりではない。次にデンマークの対ＥＵ政策について述べるが、同じヨーロッパの国々に対してさえ同じような感情を持っているのではないかと感じられるのである。

ユーロに「ノー」

ＯＤＡと並んでデンマークの外交政策を特徴付けているのがＥＵへの対応である。

二〇〇二年の一月一日より、ＥＵ域内の一二カ国では共通通貨、ユーロの流通がスタートした。これに先立つ二〇〇〇年九月、デンマークは国民投票を実施したが、国民はユーロへの参加に「ノー」の決断を下した。

デンマークは一九九二年に、当時のＥＣ（欧州共同体）をＥＵに発展させるマーストリヒト条約の批准を、同じく国民投票において否決したことがあった。このようにＥＣ／ＥＵのメンバーでありながら、デンマーク国民のＥＵに対する感情には常に一定の距離があるため、ＥＵとの付きあい方がデンマークの外交政策上最大の問題であるといってもよい。

ちなみに、一九九二年にマーストリヒト条約の批准を否決したデンマーク国民は、翌一九九三年、四つの留保（四分野でＥＵの協力に参加しない権利を確保した）を加えた同条約の批准を問う二回目の国民投票で、かろうじて過半数が賛成し、そのおかげでなんとかＥＣはＥＵに脱皮することができたのである。この際に加えられた留保の一つが、ユーロに参加しない、つまり、ＥＵの通貨統合への参加を留保するというものだったわけだ。ユーロの他

ユーロへの参加を問う国民投票では賛成派、反対派双方により激しいキャンペーン合戦が繰り広げられた。このポスターは、「クローネにサヨナラ？　いいえ、結構！」という意味。

には、ＥＵの防衛協力への参加、ＥＵの司法内務協力への参加、ＥＵ市民権をそれぞれ留保し、デンマークには適用しないとした。これらの留保は現在も撤回されずに残っており、今日、デンマークの対ＥＵ関係上、最大の問題点となっている。

デンマークの人口を五百万人とすると、ＥＵの総人口約二億人に占める割合はわずか二・五％にすぎない。だから、デンマーク経済がドイツなど周辺諸国に大きく依存することを考えれば、他のＥＵ諸国とあわせてユーロを導入することがデンマーク経済にとっては必要不可欠であるというのが政府や産業界の一致した認識だった。仮に九三年にマーストリヒト条約を批准する際、通貨統合に参加しないという留保をしなければ、デンマークもユーロの導入と同時に自動的にそのメンバーになっていただろう。しかし、マーストリヒト条約によってＥＣがＥＵになろうとしていた当時、ユーロやＥＵの防衛協力に参加しないことが、今日のような重大な問題を生むとは考えられていなかった。実際、当時はこれらの分野に参加しなくても、現実的に何か問題が生じるほど、ＥＵの統合はすすんでいなかった。それよりも当時の政府にとっては、デンマークが参加しないことで、ＥＵの発足が阻止されるという事態はどうしても避けたかったのだろう。とりあえず通貨統合などいくつかの個別分野には参加しないとしても、ＥＵには参加する道を模索するしかなかった。国民世論の調査によって、ユーロを含む上記四分野に対する懸念が強いことが示されたので、政府はこれら四分野へ参加しないと条約に書き加える選択を行ったのである。

しかし、ＥＵの通貨統合も防衛協力も近年著しく進展し、これに参加していないデンマークは焦ることになった。とくにユーロは、二〇〇二年から紙幣とコインが実際に流通するところまで進展した。ユーロのスタートと同時になんとか参加するためには、二〇〇〇年中には参加を決め、準備を進めなければならない。経済界はユーロへの参加を強く望んだし、政治家や学者などもほぼユーロ参加には賛成だった。しかしデンマークでは、国家が主権の委譲を行う場合、つまり、ユーロへの参加の場合、通貨に関する主権を自国の中央銀行からフランクフルトにある欧州中央銀行に譲り渡すことだが、その際には国民投票を実施して国民の過半数の賛成を得るという手続きを経なければならない。そのためラスムセン首相は、二〇〇〇年九月二八日に国民投票を実施すると発表した。

けれども国民投票までの世論調査の推移は、賛成、反対が真っ二つに割れ、国民投票で「イエス」となるかはきわめて微妙な状況だった。政府、主要政党、経済界、マスコミ、主な学者などはすべてユーロ参加に賛成だったから、何とか国民投票までのキャンペーンで、結果を「イエス」に導くことが可能だとラスムセン首相は考えたのだろう。しかしながら結果は「ノー」が五三%、「イエス」が四七%でユーロ参加は否決されてしまった。賛成票が反対票を上回ったのは、コペンハーゲン北部の高級住宅街をかかえる地域だけで、全国のほとんどの地域で一様に「ノー」が過半数に達した。デンマークのユーロ参加否決は、日本では数少ないデンマーク発の大ニュースだったのではないだろうか。

なお、EUの加盟国は、ユーロに参加したいといっても、自動的に参加できるわけではない。インフレ率や政府債務残高などに条件があり、これを満たさなければならない。共通通貨ユーロの価値を維持するためである。イタリアなどはこの条件をクリアするのにたいへん苦労をしたし、ギリシャに至っては、ユーロ流通の本当に直前になって参加が認められた。これに対してデンマークは参加条件を問題なく満たしており、デンマークが参加したいといえば、自動的に参加が認められる状況にあった。それなのに国民は自ら参加を拒否したのである。

ユーロよりクローネ

なぜユーロを否決したのだろうか？　結論を先にいえば、デンマーク人は自分たちの好きなデンマークを守りたかったという、要は感情論だったのだと思う。

私自身もユーロに参加する方が、デンマークのような小国で他のヨーロッパとの経済関係抜きにやっていけない国にとっては、得るものの方が大きいと思う。しかし、厳密に経済的な利益衡量を行えば、参加する方が明らかに有利だといえるのかどうか、疑問がないわけではない。たとえば、ユーロ・ランド（ユーロに参加する国々）の中で、デンマークのみが深刻な経済状況に陥った場合、ユーロに参加していればデンマーク一国だけで独自の金融政策はとれないから、単純に考えれば財政政策だけで何とか対応しなければならないわけだが、そんな片手を縛られたような状態では、困難の解決はおぼつかないかもしれない。通貨主権を国として持っている方が、物事に柔軟に対応できるということもできるだろう。それに、通貨というのは前述のように単に経済的な意味だけを持つのではなく、国家の象徴であり、歴史や文化的なものでもあるわけで、そこまで広く考えると、ユーロへの参加がいいのかどうか、結局よくわからない。

そのために、政府や経済界がユーロ参加への経済的な意義を強く訴えたにも関わらず、結局、デンマーク国民はより感情的な判断で行動したのだろう。デンマーク国民には通貨という国家の象徴のひとつでもある大きな存在を失ってまで、さらなる経済的利益を得たいという切迫感はないのだと思う。現在でも十分に豊かで平和な国であり、その充実した福祉制度はドイツやイタリアなど、どのユーロ参加国とくらべても優れているとデンマーク人は信じている。デンマークからみれば、スペインやギリシャのような貧しい国まで参加するような通貨に、どうして自分たちまで参加しないといけないのかと考えるのである。

蛇足ながら、スカンジナビア三国（デンマーク、スウェーデン、ノルウェー）はいずれもクローネ（複数形はクローナ、ただし発音は微妙に異なる）という同じ名前の通貨をもっている。もちろん、デンマークのクローネはデンマーク・クローネであり、スウェーデン・クローネとは別物である。しかし、歴史的・社会的・経済的な三国のつながりの強さや、三つのクローネ間の為替レートが近い（いずれも一クローネ＝十～十五円）ことなどから、三国内では他の二国の通貨がある程度通用する。コペンハーゲン市内のスーパーで、スウェーデン・クローネで支払っているスウェーデン人とおぼしき人をみかけたことがあるし、私自身もノルウェーのカフェで、デンマーク・クローネで支払いをしたことがある。それに、同じEU加盟国であるスウェーデンもユーロ発足時には参加しないことになっていたから、北欧三国の中で、デンマークが最初に「クローネ」を捨ててしまうことには抵抗があったのかもしれない（その後、スウェーデンでは二〇〇三年九月にユーロ参加を問う国民投票を実施し、これを否決）。

EUに対する「警戒感」

いずれにせよ、デンマーク人のEUに対する複雑な感情は、ユーロだけに限らず、EU一般について言えるのである。デンマーク人は、自国に対する誇りと、その裏返しとしてのEUに対する警戒感を持っているともいえるだろう。何しろ、EU（かつてはEC）を主導してきたのはフランスとドイツ。その大国ドイツは第二次世界大戦中、デンマークを蹂躙した国である。戦後も人口八千万人の大国にくらべれば、デンマークなんて赤ん坊のような存在だろう。何よりユーロはいうまでもなくドイツ・マルクが中心となって形成された通貨なのである。

現在のドイツが、過去のような行動を起こす可能性があると本気で心配するデンマーク人はまずいない。むしろ、今日のドイツほど民主的な国家は世界にないということを、特に若い世代のデンマーク人はよく理解している。しかし、たとえばサッカーの試合でデンマークがドイツに負けるだけで、あるいはデンマーク南部にドイツ人が別荘を購入するだけで、デンマーク人は自国が大国の前にいかに非力であるかと不安に思ったりするという。日本は、陸続きで自国よりはるかに大きな国力を有するような国を持っていないから、私たちが彼らの感覚を理解するのは難しいと思う。

また、ユーロ参加に「ノー」と投票したデンマークは、デンマークの優れた福祉制度が、ユーロ参加により損なわれるのではないかとも懸念していた。ユーロに象徴されるEUの社会・経済統合が社会福祉の分野にまで及び、他のEU諸国にくらべて高い水準を誇るデンマークの社会福祉制度までもが、ユーロ参加によってEU平均の、「低い」レベルになってしまうことを恐れたのである。

冷静に考えればどれも脈絡のない議論ではある。通貨をユーロにすることは、たしかに社会的・経済的影響が大きいけれども、それだけで直ちに社会福祉の制度までが切り下げられるということにはならない。しかしラスムセン首相は、この国民の懸念に過剰に反応してしまった。「デンマークの年金制度は、ユーロに参加しても変わらない」ことを必死にアピールしたのである。しかしこのことが逆に、国民の不安をあおることになってしまった。

デンマーク国民のEU・ユーロに対する警戒感は、オーストリアでの事件によっても増幅された。オーストリアのハイダー氏率いる極右政党の自由党が、二〇〇〇年初頭の総選挙において躍進し、政権党に加わることになったことで、オーストリアを除くEU十四ヶ国は同年二月、オーストリアに対して外交関係を制限するなどの外交制裁を実施した事件である。

このことは、デンマーク人の対EU感情を大いに損ね、ユーロ否決の遠因になったといわれている。つまりEUとは、小国ならその国の内政に干渉するような組織なのだ。というわけで、何より自国を愛する彼らにとって、そのようなEUはとても受け入れられないのである。

ところで、オーストリアに対する外交制裁は、オーストリア以外の全てのEU諸国が賛成して導入したものだから、デンマーク政府も導入には賛成したことになる。後でユーロに対する国民世論に悪影響が及ぶということがわかっているのに、なぜこれに賛成したのかという疑問もわくが、この制裁の導入時、その影響を十分に検討し、デンマークのみが参加しないという選択肢は事実上ありえなかったのである。

ラスムセン首相がユーロ参加を問う国民投票を九月に実施すると発表したのは二〇〇〇年の四月末である。デンマーク政府は、とにかく投票までに何とかオーストリアに対する制裁を解除し、EUの悪いイメージを国民から取り除こうとした。しかし、オーストリアでは自由党が政権から離脱する気配はなく、オーストリア政府は強い抗議の意思を他のEU諸国に示し続けた。一方で極右政党が勢力を拡大しつつあるEU各国の中は、制裁の解除に積極的ではない国が多かった。二〇〇〇年後半（七月～一二月）、EU議長国を引き継いだフランスも同様で、人権の祖国であることを誇る同国は、外国人排斥を唱えるハイダー氏には厳しい態度を維持すると思われた。

このような状況の中、次第にユーロの国民投票が近づいてきたデンマークでは、デンマーク一国だけでも制裁を解除すべきだとの声も強くなっていった。そうしなければ、国民は、小国の内政に干渉するEUに反対し、ユーロに「ノー」ということは明らかだった。この時期、デンマーク政府・外務省の受けていたプレッシャーは大変なものだったと思う。夏休みものんびりしていられなかったに違いない。デンマークの外交官は、制裁の解除に向けて、水面下でさまざまな努力を続けていた。このあたりのEU内での外交交渉について分析することは大変興味深いことだが、長くもなるし本書の本旨とも離れるだろうから省略する。

結局、制裁が解除されたのは国民投票が行われる約二週間前の九月十二日だった。それも、加盟国の人権状況をEUが監視するメカニズムが創設されるという条件つきであった。このため、制裁がもっと早く解除されたとしても、国民のEUに対する反感を取り除き、ユーロへの賛成票を増やせたかどうかは疑問である。

はたして、九月二十八日に実施された国民投票の結果は「ノー」となった。これによって少なくとも今後数年間はユーロに参加する可能性が閉ざされ、加えてマーストリヒト条約批准に付した他の三つの留保を撤廃するための国民投票についても、当分は実施が難しい情勢となってしまった。

ピーターセン外相とその辞任

ユーロ参加が否決された国民投票から三ヶ月後の二〇〇〇年一二月、ピーターセン外相は突然辞任を表明した。実に八年間も外務大臣を努めた人だった。辞任の理由はユーロ参加を果たせなったことであったとみられる。

ピーターセン外相が外務大臣に就任したのは、前政権がマーストリヒト条約批准の際にユーロなど四分野の留保を決めた直後で、外相としてそれを引き継ぐことになった。EU協力の四つの分野に参加しないことで国民がEUへの参加に納得したとしても、他の国からみれば、デンマークは「つまみ食い」あるいは「いいとこ取り」しているということになる。通貨統合や防衛協力の話になると、いつも「デンマークは参加しません」といちいち文書に書き込んでもらわなければならないのである。デンマークの外交官にとってはバツが悪いだろうし、デンマークの国益を損なっているとさえいえるかもしれない。

ピーターセン外相は、その後の八年という長い任期中、常にこのEUに対する留保とつきあってきた。

何とか四つの留保を撤回し、ＥＵに全ての面で参加することに外相としてのかなりの労力を費やしてきたものと思う。その留保という呪縛をようやく一つ解けるかと思った二〇〇〇年秋、国民がユーロ参加に「ノー」と答えたことで、ピーターセン外相は、自国民のＥＵに対する猜疑心の強さの前に自分の力の限界を感じたのかもしれない。さまざまな努力を重ねてきたであろうピーターセン外相のことを思うと、ちょっとかわいそうにも感じてしまう。

話が変わるが、ピーターセン外相の任期が八年間にも及んだことは、日本人の感覚では、信じられないくらいに長いようにも感じられる。ピーターセン外相はその在任中、ＥＵの中では最古参の外相だった。ピーターセン外相と同時に首相となったラスムセン氏にいたっては、二〇〇一年十一月に総選挙で与党が敗北し、政権が交代するまで九年間も首相だったのである。この九年間、日本で何人の首相や外相が交代したか私は知らない。

ラスムセン前首相も私がデンマークに在留した時点ですでにＥＵ内では最古参の政府首脳だった。ＥＵの首脳会議におけるラスムセン首相は小国デンマークの国力以上の存在感があった。各国首脳が一目置く存在であったことで、ＥＵ首脳間の重要な外交交渉では、デンマークの外交官たちはラスムセン首相にきわめて大きな信頼を置いていたという。この人なら任せられる、そんな大臣がいること、コロコロと大臣が代わらないことが、国益に大きく資するという良い例かもしれない。

二〇〇二年後半・EU議長国

さて、二〇〇二年の終わりとともに、デンマークのEU議長国期間も終わろうとしている。最後に、デンマークのEU議長国としての評価と今後のデンマーク外交について簡単に触れておきたい。

EUの議長国は半年ごとに加盟国がもち回りで担当し、デンマークは二〇〇二年の後半（七月～十二月）に議長国の任にあたった。半年間、EUの諸会議の議長を努め続けるわけだから、外務省などはその間、たいへんに忙しくなるのだろうが、その分、国際社会における存在感とリーダーシップを発揮するまたとないチャンスでもある。デンマークは十二月十二・十三の両日、コペンハーゲンでEU首脳会議（欧州理事会）を成功裡に開催して、半年間の議長国を締めくくった。

デンマークが議長国として重点を置いた政策は何といってもEUの拡大である。ラスムセン首相は、デンマークがEU議長国中に重点を置く分野について、「一に拡大、二に拡大、三に拡大」と述べた。結果的に、コペンハーゲンにおける首脳会議で、EUは二〇〇四年に現在の十五カ国から二十五カ国へ一気に拡大することが決定された（新たに加盟するのは、ポーランド、チェコ、スロヴァキア、ハンガリー、スロヴェニア、マルタ、キプロス、それにバルト三国（エストニア、ラトヴィア、リトアニア））から、この目標は達成されたといえる。

デンマークがEU拡大に熱心なのは、かつて鉄のカーテンの向こうにあった中・東欧諸国に民主主義と自由主義経済を広め、名実ともに冷戦時代の東西対立を終焉させるという大義名分と、それにより自国の平和と繁栄を確固たるものにしたいという願望があるためだろう。

冷戦中、デンマークは東側陣営と対峙する前線ともいうべき位置にあった。バルト海を挟んで東ドイツ、ポーランド、旧ソ連下のバルト三国が目前にあり、隣国スウェーデンはその地政学的地位から、NATOという西側同盟には参加しなかった。旧東ドイツの諜報機関STASIが、一九七〇年代から八〇年代に、デンマークにスパイを送り込み、デンマークのNATO脱退を画策していたことが二〇〇〇年の夏、明らかになっている。米国における同時多発テロ事件以降、ロシアと西側の関係が大きく変化し、より緊密な協力関係を指向するようになったとはいえ、依然としてロシアという大国に向き合う小国デンマークの潜在的心理は、そうは変えられないのだろうと想像する。

そのため、デンマークはNATOの拡大についてもかねてから強く主張してきたところであり、コペンハーゲンにおけるEU首脳会議に先だつ十一月にチェコのプラハでNATO首脳会議が開かれ、こちらも二〇〇二年における東欧諸国への拡大を決定したことに、大変満足しているのではないかと思う。

私たち日本人にとっても、日露戦争の際、日本海海戦へ向うロシアのバルチック艦隊がコペンハーゲン近海のオーレスン海峡を北上し、極東を目指したことを思い起こせば、デンマークがバルト海の出口という重要な位置にあることは容易に想像がつく。さらに、デンマーク本土に加えて、米軍基地があるデンマーク領グリーンランドは、旧東側陣営にとって「何とかしたい」存在だったに違いない。

加えてデンマークは伝統的に左派勢力が一定の政治力を持っていたから、反戦、非同盟を主張する勢力の声に押され、NATO内においても全面的な西側への協力を打ち出せないということもあった。東側のスパイはそこに楔の打ち所を見出したのかもしれない。

幸い、結果的にはデンマークは西側同盟の一員であり続け、冷戦の終焉を迎えた。しかし、近代の歴史が常に自国領土の縮小の歴史であったといってもよいこの国が、今日でもなお自国の安全保障をより確固たるものにしようと、真剣に考えていることは容易に理解できる。歴史上初めて民主的で市場経済を採用する安定した同盟国に自国が囲まれるという可能性が、EUとNATOの拡大によって、現実のものとして見えてきているのである。

こうしたことから、デンマークはEUの拡大にかねてから積極的であり、デンマークが前回EU議長国を努めた一九九三年のコペンハーゲン欧州理事会では、「EU加盟を希望する中・東欧諸国は、全てその資格を有する」ことを確認し、新規加盟国の加盟要件「コペンハーゲン・クライテリア（基準）」（①民主主義、②市場経済、③EU法を実行できること）を定め、EUの拡大プロセスを始動させたと自負している。そのため、二〇〇二年末のコペンハーゲンEU首脳会議で、中・東欧諸国の新規加盟を決定できれば、コペンハーゲンで始まったEU拡大プロセスを、コペンハーゲンでまとめ上げることができる、つまり、「コペンハーゲンからコペンハーゲンへ」という象徴的な意味もあった。

しかし、EU拡大へ向けた交渉は容易なものではなかった。何しろ過去約半世紀の間に積み上げられたEU法は全体で約十万ページにものぼる。このEU法を受け入れなければ、EUに加盟することはできないのだから、そのための事務作業の量も尋常でないに違いない。また、EU拡大が実現すれば、ポーランドやリトアニアに囲まれるロシアの飛び地、カリーニングラードが孤立してしまうため、ロシア本国との間の通過ビザなどの問題も生じる。さらに、新たに加盟を求めていた中・東欧の国々は、既存のEU加盟国にくらべて経済水準が低いため、EU財政上、既存加盟国にとっては大きな負担となる。景気が良くないため新たな財政負担を渋る既存加盟国側と、西側との経済格差を埋めるべく可能な限り大きな支援を得たい新規加盟国側の利害を調整し、新規加盟国側には無理な要求をしないようになだめ、既存加盟国には全ヨーロッパの平和と安定の実現という大義名分を訴えて、困難な交渉をまとめ上げたラスムセン首相の手腕は、大きな評価を受けた。

EU各国の政府要人は、「非常に難しい状況にも関わらず、議長国デンマークの采配は賢明かつ建設的で、完璧だった」（ベルギーのミシェル外相）、「これ以上うまくやるのは無理だ」（コックス・EU議会議長）、「ラスムセン首相は手腕が素晴らしかっただけでなく、ルックスも最高だ」（イタリアのベルルスコーニ首相）、など一様にデンマークの議長国采配を高く評価した。

議長国としての成功の理由について、デンマークのある外交官は、アイルランドでニース条約が批准されたことや独仏両国が農業予算に関して合意できたこと、トルコやスロヴァキアにおいて穏健派政権が誕生したことなどの「幸運」もあったが、何より、デンマーク政府の周到な準備と透明性、政治的決意、そして国内行政を二の次にしてEU拡大に猛進したことを挙げた。透明性はデンマーク政治の最大の特色の一つだが、今回のような交渉においては、加盟候補国に対するEUからの財政支援について、本当に交渉の余地のない限度があると交渉担当者に認識させたという意味で大変重要な要素だったと思われる。

なお、やや技術的な議論になるが、小国デンマークが素晴らしい議長国采配を見せたことで、拡大後の

ＥＵにおける議長国のあり方に関する議論について一石が投じられたといえる。先にも述べたように現在のＥＵ議長国は十五の加盟国が半年ごとに持ち回るが、ＥＵが二十五カ国に拡大すれば各国に議長国が回ってくるのが十二年半に一度となってしまうことや、人口が数十万人のキプロスが議長国を努められるのかという問題が生じるために、「大国中心」に議長国を持ち回るという案も出されている。そうなれば小国デンマークが議長国を努めることが難しくなる可能性があるが、今回の議長国采配は小国の役割について改めて考えさせる結果となったのである。

ＥＵとデンマークの近未来

さて、ＥＵ拡大を主導してきたデンマークが、前述のように通貨（ユーロ）や防衛の面でＥＵに参加していないことは、今後のデンマーク外交にとって大きな課題として残る。

拡大後のＥＵの機能不全をさけ、統合を進展させるために、「ＥＵの将来像」についての議論がすでに始まっており、二〇〇四年までに結論がまとめられ、新たな条約が結ばれる予定である。具体的には、ＥＵが担当する仕事と加盟各国が担当する仕事をどう区分するかといった問題や、膨大なＥＵ関連の諸条約・法制の整理・簡素化、ＥＵ憲法の制定、ＥＵの政策決定プロセスをより民主的に改革するための方策などが議論される。

このような大規模なＥＵの見直し・改革を受け入れるために、デンマークではその新たな条約を批准するか否かについては、憲法の規定により、国民投票を実施して決定することが必要になると考えられる。問題は、ユーロに対してデンマーク人が示したＥＵに対する反発あるいは懐疑的な立場を、二〇〇四年の新たな条約に対しても示すことになれば、どのような帰結を招くかという点にある。

つまり近い将来、今回新たにＥＵに加盟する中・東欧諸国もユーロに参加し、ＥＵ加盟国としての義務と責任を果たしていく中で、依然としてデンマークがユーロや軍事協力に参加しないのは事実上困難だろうと想像される。さらにＥＵの諸条約が全て見直され、新たなＥＵ憲法なり基本条約が作られるとなると、その条約に参加しないと国民投票で決定するということは、すなわちＥＵを脱退するという意味になるのではないかという懸念もある。

デンマークの利益にかなう将来のＥＵの実現をはかりつつ、そのＥＵを国民に、いかに受け入れさせるか、マーストリヒト条約やユーロの国民投票における「ノー」をいかに繰り返さないようにするかが、デンマークの外交当局者、政治指導者に課せられた使命となるだろうと思う。ＥＵ拡大を決定したコペンハーゲンでのＥＵ首脳会議から時間がたてば、ＥＵ拡大熱も冷め、外国人労働者や景気、福祉、食品の安全性など、現実的な問題に目が向くようになるだろう。そうなるとまたＥＵに懐疑的な世論が盛り返すのではないかという気もする。そういう視点から、今後のＥＵにおけるデンマークに注目してみるとおもしろい。

デンマークの文化

デニッシュ・デザイン

デンマークほど、デザインが社会や文化の中で重要な地位を占めている国はないと思う。コンラン・ショップで有名な英国のデザイナー、テランス・コンラン卿も、「初めてデンマークを訪れたときには感動した。そこには私が信じていたものが全て現実のものとして存在していた」、「デンマークほどデザインを常に意識している国はなく、デザイナーとしての仕事はロンドンでするのがベストだが、英国にはデザインが社会の基本的な重要性を有するという認識はない。それがデンマークにはある」と述べている（コンラン・ショップではコンラン卿の選んだデンマーク製品も販売している）。デンマークでは、政府も国民の税金を使うのだから、良いデザインの公共施設を作ったり、優れたデザインのものを購入しようと努力しているらしい。税金が重くても、それだけデザインの優れた街づくり、国づくりに努めてくれるなら、多少の負担も納得がいくというものだろう。

思えば私にとって最初のデニッシュ・デザインは子どもの頃に遊んだレゴ・ブロックだった。読者の中にもそういう人は多いのではないか。レゴは消防車や宇宙船といった決まったモデルのパッケージになっているが、私は説明書通りに一度そのモデルを完成させた後は、それをバラバラにして自分で好きなものを組み立てていた記憶がある。想像力を働らかせてどんな形のものでも作ることができる点がレゴの優れ

ロイヤル・コペンハーゲンの本店にて。清楚な美しさが魅力の陶器は、人の手で絵付けされる。2つとして同じデザインのものはない。。

た点だと思う。最近はパーツの種類も増え、自分で組み立てなくても最初から「アンテナ」「砲台」「キオスクの売り場」「草」「弓」など、どんなパーツもそろっている。自らの想像力と創造性で、一つ一つブロックを組み立てていけるレゴの良さは失われないでほしいと願う。ちなみに、レゴの「レ」はデンマーク語のleka（遊ぶ）、「ゴ」はgod（グッド・良い）を合わせた造語で、つまり「よく遊ぼう」という風な意味を表わそうとしたもの。さらにラテン語ではこれが「私は学ぶ」とか、「一緒に置く」といった意味になるそうで、なかなか考えられたネーミングではないだろうか。

レゴの他にも、バング・アンド・オルフセン（B&O）のオーディオ機器、ロイヤル・コペンハーゲンの陶器、それにデンマーク家具などは日本でも有名だし人気がある。私にとっても、かつての日本の家電がスタイリッシュとか格好良いとかいうことよりも、どれだけ多くの機能を持っているかだけを競っているような中、Ｂ＆Ｏの電話機はただダイヤルキーがついているだけのシンプルなデザインが、初めて見たときはとても印象的だった。電話機に限っていえば、今でも日本のメーカーはＢ＆Ｏに負けないデザインのものを作っていない。

ロイヤル・コペンハーゲンの陶器はブルー・フラワーに代表される、白地にブルーのシンプルなデザインがたいへん美しい。ドイツのマイセン、ハンガリーのヘレンドなどの豪華さにくらべれば、私個人としてはやはりロイヤル・コペンハーゲンの清楚な美しさがなんといっても好きである。そこが日本人の感性にもあうのだろう。動物の置き物なども、その素朴さと優しさがデンマークらしい。

また、個人的にはボダムのキッチン用品・生活雑貨も好みである。ボダムは現在ではヨーロッパでかなり有名な国際的な企業であるが、デンマークのボダム家が現在も百％の株式を所有しており、デザイン部門のトップもカーステン・ヨーゲンセンというデンマーク人である。「良いデザインは高価であってはならない」が社是であり、デザインの基本理念は「不必要な装飾のない、シンプルで機能的なもの」というからまさにデンマーク的である。私もティーポットを愛用している。コペンハーゲンには歩行者天国のストロイエに旗艦店がある。日本ではボダム・ジャパンが売り上げアップに健闘している。

北欧デザインが魅力的なのはなぜか

さて、スカンジナビアン・モダンという言葉が聞かれるように、家具やインテリアのシンプルで機能的なデザインは、デンマークを含む北欧の名声を高めている。北欧の寒いイメージと重ね合わせてだろうが、シンプルなデザインを、味わいがなくて寒々しいという人もいるし、実際、シンプルなものは無機的で冷たいイメージと紙一重なのは確かだが、私は決してそんなことはないと思う。ボダムのデザインにはかわいらしさと温かさを感じるし、ロイヤル・コペンハーゲンのブルーラインには気品が感じられる。それに、流行に左右されず、シンプルで機能的なものだからこそ、長持ちするし、使う人の生活に溶けこみ、その人なりの味わいやぬくもりが出てくるのである。

今でこそデンマークの高級家具は、日本の家具店でも見られるくらい国際的にも人気があるけれども、そもそも機能的でシンプルなデザインはその昔、農村から都市にやってきた労働者の生活環境を向上させるために考案されたものだった。狭いアパートでも楽しく快適な生活が送れるようにと。だからシンプルで機能的なのである。豪華なロココ調の家具は、たしかに狭いアパートには（日本の狭い住宅にも）不似合いだ。

デンマークで印象的なのは、企業や政府のオフィスでも、木製のスカンジナビアン・モダンなテーブルや椅子が使われていることだった。日本に帰国後、私はオフィスにある灰色のスチールの机で毎日デスクワークしているが、無機的なだけで人間味のかけらもない。温かさとか優しさには全く無縁である。明る

コペンハーゲン空港のターミナル。心地よく美しいデザイン。

い木目の机で働けば、心身共にリラックスできるだろうと思う。出張でブリュッセルにあるＮＡＴＯ（北大西洋条約機構）のデンマーク代表部オフィスを訪ねたときにも、デンマークで見慣れた雰囲気の、美しいデンマーク家具が置いてあったのが記憶に残っている。きっと世界中のデンマーク大使館もそのようなインテリアで統一されているのだろう。

建築もデンマークのデザインはシンプルで美しいものが多い。たとえばコペンハーゲン中心部から東側の港に面した再開発地域や、コペンハーゲン空港近くの新しい開発地域にならぶ新しいオフィスビルは、全面ガラス張りで開放感にあふれており、デンマーク製のセンスの良いインテリアが外からも透けてみえ、オフィスビルにありがちな排他的で堅いイメージがまったくない。私は建築には詳しくないが、同じ直方体のビルなのに、どうしてあんなにセンスの良いおしゃれな建物をデンマーク人は作りだせるのかと、うらやましく感じたものだ。もっとも、シドニーのオペラハウスのように、デザインだけは有名だが本来のオペラ公演には向かないという失敗作（？）も時々はあるが。

デンマークを訪れる日本人にとっては、コペンハーゲン空港のターミナルビルが最初のデンマーク建築体験になるが、一国の玄関口にふさわしく、この空港ビルの雰囲気は、私がこれまで訪れた空港の中でも最高の心地良さである。ヨーロッパでは、パリのシャルルドゴール、ロンドンのヒースローはどうしようもないし、アムステルダム、ウィーン、ブリュッセルもそれほどではなかった。ケルン、オスロといった新しいところは美しいけれども、コペンハーゲン空港の方がにぎやかで寂しくない。ちなみにコペンハーゲン空港は二〇〇〇年の世界のベスト空港ランキングで第一位に選ばれている。

デンマークを訪れなくても、デンマーク人建築家の名建築を見られる場所はある。デンマークよりもはるかに多くの日本人が訪れるフランス、パリの西部にある新凱旋門は、デンマーク人建築家、ヨハン・オットー・フォン・スプレケルセンの設計である（本人は作品の完成をみることなく他界した）。高さ百十メートル、幅百六メートル、奥行き百十メートルのほぼ立方体で、その中央部は高さ九十メートル、幅七十メートルの空洞という巨大なアーチである。白い壁とガラス張りのシンプルなデザインがフランスの威光と同時に、デンマーク的な素朴さも感じさせる建築物で、時のミッテラン仏大統領はその「純粋性と力強さ」を絶賛したという。

さらにはドイツのベルリンに新しく建てられた北欧五カ国の大使館群は、いずれもため息のでるような、あるいは自分がこんなオフィスで働けないのがくやしくなるほどの美しさである。日本の大使館がこんな素敵なオフィスをもてば、外務省は国民から嫉妬や批判を受けるかもしれないが、とにかく建物自体が自国の文化や産業を宣伝しているという意味では、外交的にもよくできた大使館といえると思う。アイスランド以外の四カ国についてはウェブ・サイトでその建築を見ることができるので一度ご覧あれ（二〇〇二年二月現在）。

食事

私がデンマーク料理をはじめて味わったのは、東京にあるデンマーク料理レストランだった。デンマークへの赴任が決まったときに、友人が送別会をそこで開いてくれたのである。味は期待した割りにはあまりピンとこなかった記憶がある。これはそれからの二年間、現地において味わうデンマーク料理のレベルを当然予期すべき伏線であった。

一体、私はデンマークがいろいろな面で好きではあるが、食事だけはそれほどでもない。旅行ガイドブックなどに書いてあるとおり、新鮮な海の幸をパンの上にのせて食べるスモーブロー（オープンサンドイッチのこと）などは、まあ見た目にもきれいだし、悪くはない。ただ、酸っぱい黒パンは多くの日本人の味覚には合わない気がする。ただ、チーズやバター、マッシュルームなどは確かに日本にはないおいしさである。海に囲まれた国だから、小エビやウナギの薫製など、日本人の口に合うものもある。

しかし、デンマーク料理が美食であるという名声を世界中で博しているという話はまず聞かないのも残念ながら事実である。

デンマークにかぎらず、清貧を尊ぶプロテスタント地域では、北欧もイギリスも、ドイツも、その教えにしたがって、おいしい食事、つまり現世の快楽につながるものを追求しなかったことが、美食を生まなかった原因の一つと説明される。私はそれよりもむしろ、寒い北ヨーロッパでは、地中海沿岸の南ヨーロッパなどと違って食材が豊富にはない風土の中に人々が生きていたわけで、それがプロテスタントの教えとマッチした、さらにいえば、貧しい現実にあわせる形でプロテスタント的な思想が生まれ、広まったのだと思う。現実の人々の生活がまずあって、その次に宗教や思想というものが芽吹くのではないか。イタリアのような豊かな太陽の光と食材にめぐまれた土地で、美食を追求するなといっても無理だろうし、アルプスの南側の明るく陽気な風土が、スペインやイタリアの開放的で情熱的な食とか性などあらゆる文化の性質を基本的に規定しているといえるのだと思う。

そういうわけで、デンマーク人には悪いが、彼らは日本人のような繊細な味覚を兼ね備えていない、とまず結論を下しておこう。なぜなら、たとえば彼らは甘いものが大好きである。アイスクリームとかキャンディとか、コペンハーゲンのスーパーやコンビニエンスストアでまず目につくのは色とりどりの「おいしそうな」キャンディの山である。日本のコンビニなら、おにぎりや弁当が並んでいて、特に一人暮らしにとっては強い味方といった感じなのに、コペンハーゲンのセブンイレブンはどこも棚一面が量り売りのキャンディで埋めつくされている。どうにかしてくれよといった感じであった。

また、甘いものといっても、たとえばケーキなどでも日本の方がずっと繊細でおいしいものがある。ただ「甘い」だけのケーキなんてとてもいただけないでしょう？　それに、これはアメリカ人もそうだが、食事中に飲むのがコーラ。コーラ自体は私も時々飲むけれど、食事と一緒に飲むなんて・・・。週末ともなれば、パーティー用なのか、大きなコーラのペットボトルを何本も抱えてスーパーのレジに並ぶデンマーク人がたくさんいる。

最近はコペンハーゲンにも日本食レストランや寿司バーが増えてきて、デンマーク人も日本食のおいしさを知り始めたようだが、私が驚愕したのは、あるデンマーク人の男性が、ご飯の上に醤油をぶっかけて食べるのを見たことである。それほどにしないと味を感じないのだろうか。ちょっと哀れにも思えてくる。日本にきて、おいしい和食を食べたあるデンマーク人が、「自分がこれまで食べてきたものはいったい何だったのだろう？」ともらしたという話も聞いたことがある。

同じようにまずい食事で有名な英国では、最近になって「ブリティッシュ・モダン」などとよばれるような新しいスタイルが生まれて、料理の水準も底上げされてきているようだ。そういう影響もあってか、コペンハーゲンにも英国人が経営するしゃれたレストランがオープンしている。だが、私の味わった限りでは、「見た目」には気を使って美しく盛りつけてあっても、味そのものは結局それほどではなかった。総じてデンマークのレストランのインテリアや照明の雰囲気は、現代的なスマートさと温かさが調和していて、大変居心地が良いのに、肝心の「味」に満足できないのは残念である。

それにしても日本食というのは、恵まれた山海の豊富な食材をつかい、繊細で、優雅で、バラエティに富み、健康的でもある。他の国の食文化を取り入れるのも上手だし、これほど水準の高い食文化を有する

ユトランド半島北端、スケーエン。夏の光は特別な輝き。

国というのは世界でも例がないだろう。そのために、私たち日本人の味覚というのは、世界の中でもいちばんの繊細さだと言ってよいのではないだろうか。私は世界中の食事を味わったわけではないが、ヨーロッパの国々はたいてい旅行したし、アジアの食事もおおよそは東京で体験できる。だから大体のところは想像できる。

食生活の上で、どの国に赴任しても自国の水準以上のものを期待できない日本の外交官や企業の駐在員たちは、どの国へ行っても自国並かそれ以上の食生活を享受できるA国やD国の人々にくらべ、残念ながら不幸な状況にあるということだろうか。

（注）このような厳しい意見を書いてしまった後、今世紀に入ってから北欧、特にデンマーク料理は目を見張る変容を遂げた。北欧の気候、地勢、水が生み出す独自の食材を使い、その純粋さ、新鮮さ、シンプルさ、道徳、季節の伝統や地元食材の旬を大切にしながら、「ニュー・ノルディック・キュイジーヌ」と呼ばれる新しい北欧・デンマーク料理が生まれたの

である。こうした理念に共感したシェフたちが、北欧の最高の食材と料理の伝統を海外から得たインスピレーションと一体化させることで、伝統的な北欧食に再解釈を加え、世界の一流料理に並ぶ新しい北欧料理を作り上げた。二〇一八年版ミシュラン・レストラン・ガイドに掲載されたデンマークの星付きレストランは三一軒にのぼる。中でもレネ・レゼッピによるレストランNomaは、二〇一〇年、二〇一一年、二〇一二年、二〇一四年に「世界最高のレストラン」に選ばれ、世界に名を響かせている。

スケーエンの光と絵画

次章冒頭の地図を見ていただきたい。ヨーロッパ大陸、ドイツの北に陸続きに伸びるのがユトランド（デンマーク語では「ユラン」）半島である。その北端にスケーエンという町がある。町からさらに半島最北端の岬「グレーネン」に向うと、荒涼とした砂浜と砂丘が広がる。バルト海と北海に挟まれたこの岬の先端に立つと、足もとに二つの海からの波が押し寄せ、遠くの水平線に自分が吸いこまれそうで、自然の大きさと人間の小ささを実感させられる。ここがデンマークの最北端である。

スケーエンの町は、十九世紀末から二十世紀初め（おおよそ一八七五年から一九二〇年の約四五年ほどの間）に多くの画家たちが集まった。いわゆる「スケーエン派」の画家たちである。なぜこんな北の果てなのか？（もちろんノルウェーのオスロやスウェーデンのストックホルムなどの方が緯度的にはずっと北だが、ある意味ここはヨーロッパ大陸の最果てである）。

私が聞いた説明では、おおよそ次の通りである。スケーエンは、ユトランド半島北端に位置し、西の北海、東のバルト海と周囲三方を海に囲まれている。そのため夏にはバルト海と北海に太陽の光が反射し、独特の光がこの街を包む。実際、夏にこの地を訪れると、気温はそれほど高くないのに、太陽の光の明るさはとても印象的である。その独特の光が画家たちをひきつけたのだ。スケーエンは小さな町だが、漁港近くとそれに並行して走る歩行者専用のプロムナードには土産物店やアトリエ、カフェが軒を連ね、北欧やドイツなどからの観光客が集まり、たいへんにぎやかである。建物の壁の黄色と屋根のオレンジ色、窓枠の白い色がさらにその明るい雰囲気を盛り上げており、なんともいえず魅力的なのだった。画家でなくても、親しみを感じる町である。

さて、スケーエン派と呼ばれるのは、クロイヤー（P. S. Kroyer）やアンカー夫妻（Anna and Michael Ancher）といった北欧の画家たちである。彼らが描いたのはデンマークの自然とそこに住む人々の生活であった。私は西洋美術史に明るくはないが、スケーエン派は、一九世紀末ヨーロッパ絵画の大きな流れである写実主義、民族主義の中にあるといっていいのだと思う。実際、彼らの多くは一八七〇年代、パリに滞在している。そこでこの時代の芸術運動や政治・社会の動きを感じとっていたに違いない。モネ、ドガ、ルノワール、シスレー、ピサロらが彼らに大きな影響を与えたといわれる。そして北欧デンマークの自然とその地に住む人々の生活を愛する彼らは、帰国後スケーエンにおいて母国の自然と人々の生活を絵画に表現した。その活動がさらに多くの芸術家をスケーエンに集めることになった。

芸術の中における絵画の魅力というのは、写真のように現実をそのまま写すのではなく、画家の感じる感動をそのまま表現できるところにある。スケーエン派の作品の特徴は、印象派の絵画と同様、光に満ちた明るく健康的な雰囲気を表現する一方で、その表現が抽象的過ぎず、現実を素直にありのまま描いていているところだろう。そのバランスがスケーエン派の優れたところだろうと思う。その意味で、スケーエン派の絵画は、まさにその絵画の素晴らしさを最も素晴らしく見せてくれる、人類の到達した古今の芸術における最高の一例ではないかと私は思う。

日本美意識とスケーエン派

スケーエン派が影響を受けたフランスの印象派には、「ジャポニズム」と呼ばれる日本の浮世絵からの強い影響があったことを思い起こせば、スケーエン派の表現の源には、大胆な構図や自然をありのままに描いたり、瞬間の表情を写しとる浮世絵の技法からの影響も少なからずあったのかもしれない。さらに、何気ない自然や平凡な一般の人々の日常生活に題材を見出している点も、浮世絵にも描かれている十八世紀以降の日本における町人文化の影響があるといえるかもしれない。そう考えると、遠く離れた、歴史や文化も大きく異なる日本とデンマークという二国なのに、人間の芸術的な感性には共通する部分があったことが感じられて、そういった面でもスケーエン派の芸術が人類にとっての不偏的な価値感を持っていたといってもいいような気がするのである。

スケーエンの漁師たちの生活、夏至の祭りの日に海岸のたき火に集う人々、海で遊ぶ子どもたちなどを描いた絵画からは、ただ純粋な幸福感が伝わってくる。この時代の北欧デンマークは決して裕福ではなかっただろうが、そこに描かれた光の美しさと、人々の生き生きとし、清楚で、凛とした姿の清々しさ、そして画家の優しく温かな視線は時空を超えて現代の私たち日本人にも、豊かな感動を与えてくれる。これこそが芸術というものだろう。同時に、貧しかった一世紀以上前の北欧において、これほど豊かな精神性が育まれていたことに、改めて驚きを感じるし、物質的には満たされている現代の私たちだが、精神面では果たしてどれだけ豊かになったのだろうかと考えさせられもする。

この時代のヨーロッパ各地の絵画作品は、自らの民族や生活に対する誇りや価値観を、写実的で（あるいは自然な）、素直な表現で絵にしている。スケーエン派に限らず、ドイツやハンガリーなど他の国の美術館でも同時代の素晴らしい作品を見ることができるので、ヨーロッパを旅行する際の私の楽しみでもある。

さて、スケーエン派の絵画は、スケーエンの町の中心部にある、「スケーエン美術館（Skagen Museum）」で鑑賞できる。スケーエンを訪れたらぜひ立ち寄りたい。また、コペンハーゲンには、「ヒアシスプルング・コレクション（デンマーク語でDen Hirschsprungske Samling）」という美術館があり、スケーエン派を含む十九世紀のデンマーク絵画、いわゆる「黄金時代」の作品を収蔵している。

ヒアシスプルング・コレクションは、ヒアシスプルングという富豪の絵画コレクションで、コペンハーゲンにあるデンマーク最大の美術館、国立美術館の裏にある平屋建ての小さな建物なのだが、コレクションの内容はデンマークのみならず各国の絵画や現代画も所蔵する。収蔵作品は国立美術館のものよりもずっと統一性があって素晴らしいと個人的には思う。国立美術館の建物は建築としては風格ある外観で、裏面の現代的なデザインもそれと調和している、いかにもデンマークらしい趣をもつ素晴らしいものだが、訪問の際にはぜひヒアシスプルングのコレクションも忘れずに鑑賞してほしい。

デンマーク絵画は日本で画集などをあまり見かけないのが残念だが、夏にデンマークを訪れるなら、スケーエンを訪ねてそれらの絵画の雰囲気を味わってみてほしい。コペンハーゲンからはオールボー(Aalborg)まで飛行機で三十分、そこから一時間半ほどのドライブでスケーエンに着くので、日帰りも可能である。

デンマーク人アーティストが売れる理由

デンマークの音楽と題すると、フィンランドのシベリウス、ノルウェーのグリーグに対してデンマークからはニールセンを登場させるべきであろうが、残念ながら日本ではシベリウスやグリーグほどニールセンの曲はポピュラーではないし、私自身、彼のどちらかといえば「渋い」作品について語れるほど聴いているわけではないので、いわゆるポップスで有名なデンマーク人ミュージシャンについてご紹介しよう。

デンマーク人のミュージシャンといえば避けて通れないのが四人組のテクノ・ダンス系音楽ユニットの「アクア」。ヴォーカルのリーナはノルウェー人だが、パーカッションのソレンと結婚したそうなのでデンマーク人のアーティストとしても大して問題にならないだろう。アルバム「アクエリアス」に収録された「カートゥーン・ヒーローズ」は日本でもキリン「生茶」のＣＭに使われたからご存知の方も多いはず。ちなみに「アクエリアス」は全曲英語だが、これは国際的に売れる条件だろう。

アクアの他愛のない楽しい曲はいかにもデンマークらしい。精神性が高いとか深みがあるとかいうことはないが、ルックスやスタイルも含めて彼らのように自由にやれるというのもやはりデンマークらしいといってよいのではないだろうか。

さて、もう一つのグループが「サフリ・デュオ」。パーカッションとトランスの融合とでもいうべきか、クラブなどで流れると「踊れる」のではないかと思うが、デンマーク出身の男性二人組がパーカッション（打楽器）を打ちならすパフォーマンスもまた前例のないスタイルで注目された。Tシャツを着て太鼓をたたいているのは正直格好いいとはいいがたいが、そこは北欧人のルックスがカバーしており、嫌味がない。何より彼らのノリのいいダンス・ミュージックは日本を含めてたいへん人気を集めたのでご存知の方は多いだろう。さて、サフリ・デュオの二人は子どものころ、チボリ公園の「チボリ・ガード」（第一章参照）でそれぞれサックスとトランペットを演奏したかったにも関わらず、パーカッションを担当することになってしまったのが打楽器との出会いだった。彼らはその後、デンマーク王立音楽院でクラシックを学んだが、パーカッションのデュオ用にはショパンもバッハもほとんど曲を残していないため、自ら編曲した作品を演奏するようになり、ニューヨークのカーネギーホールやシドニーのオペラハウスなどで演奏し、好評を博したという。その後、試行錯誤の中からクラシックを越えて生み出されたのが彼ら独自のスタイルであり、アルバム「エピソード2」にその才能がいかんなく発揮されている。

ピアニストの内田光子は「悲しい音楽というのはあるが、楽しい音楽というのはない」と言ったが、楽しい音楽に最も近いのがアクアやサフリ・デュオの音楽ではないだろうか。ぜひ一度聴いていただきたい。

クリスマスとその後

キリスト教国のデンマークでは、救世主キリストの誕生を祝うクリスマスは、日本のお正月のように、国民全体にとっての特別な日である。十一月ごろから街中はクリスマスツリーやイルミネーションで飾られ、クリスマス気分が盛りあがっていく。九月に一度閉園したチボリ公園も、クリスマスまでの約一ヶ月間はオープンする。街の教会ではヘンデルの「メサイア」やバッハの受難曲などが演奏される。街ではあちらこちらでクリスマスツリー用の本物のもみの木が売られ始める。

そしてクリスマスを迎えるが、クリスマス前後の三日間は祝日（クリスマスイブ、クリスマス、ボクシング・デー）で、家族でのんびりと過ごすのがデンマーク流である。私の友人もコペンハーゲンから田舎に帰って家族や親戚と過ごすという人が多かった。街で働く人はいなくなってしまい、チボリ公園の営業も十二月二十三日まで。商店やレストランはほぼ全て休業してしまう。

そんなデンマークのクリスマス文化の中、日本と最も大きく違うのは、デンマークでは二十五日が終わってもクリスマスがつづく点だろう。日本では二十五日のクリスマス当日にはもうクリスマスは終わってしまう。東京でも銀座などの繁華街では、クリスマス前の時期、大変美しく華やかなデコレーションが見られるが、二十五日の夜、営業の終わった店はいずれもクリスマスのデコレーションを撤去し、正月の飾りつけにとりかかる。二十五日のクリスマスの当日に、である。クリスマスの日のディナーを楽しんだ後、通りを歩くとクリスマスツリーが撤去されているのを見るのは、せっかくのクリスマス気分がそがれるわけで、あまりの変わり身の早さには苦笑せざるを得ないが、日本ではお正月の方が重要ということだろう。クリスマスが過ぎ、世間がお正月を迎える支度を始めると、世間の空気も自分の気持ちも引き締まってくるのは、自分が日本人である証拠みたいなものかもしれない。

一方、デンマークでも新年を迎えるというのは大きなことに違いないが、だからといってクリスマス後、新年に向けて空気ががらりと変わる、といったことはない。クリスマスのデコレーションはいつまでも飾りつづけられる。新年を迎えてすらクリスマスツリーが撤去されずに残っていることもある。せっかくの楽しい雰囲気があっさりと片づけられてしまわないのは、楽しいことかもしれないけれど、ある意味デンマーク人の怠惰な一面を表しているようにも思えなくもない。

さて、デンマークではクリスマスツリーは天然のもみの木を使うのだが、クリスマスのあと、私は自分のアパートのゴミ捨て場をみて唖然とした。捨てられたもみの木でいっぱいだったからだ。生の木だから次の年にまた使うなんてことは当然できないわけだが、いきなり現実に引き戻されたような感じで、ちょっとシニカルなおかしさを感じた。

なぜクリスマスが定着したか

日本の仏教のようにデンマークのキリスト教も、ある時代にデンマークに持ち込まれたものである。私は二〇〇〇年の夏に、フィヨルド観光で有名なノルウェーのベルゲンを訪れた。ここにはファントフト・

スターヴ教会というノルウェーにキリスト教が入ってくる以前の土着の宗教の様式と、キリスト教が混ざりあった独特の様式の教会建築が残っている（もともとは十二世紀に建てられたものだが焼失し、復元されたもの）。外観は十字架が立つ以外、五重塔を下広がりにし、全体を鱗で覆ったような不思議な感じの建物で、一目みただけではキリスト教の教会だと気づかない。キリスト教が入ってくる前のノルウェーの宗教がどんなものだったか私はよく知らないが、とにかくキリスト教の方が後から入ってきて、次第に北欧の人々に受け入れられたのである。

キリスト教がどのようにしてデンマークに伝えられ、広まったのかはその分野の専門家に譲るとして、そうでない私でもデンマークに住んでみると、キリスト教がデンマークで受け入れられたことが自然と納得できる気がする。クリスマス（キリストの生誕を祝う日）、イースター（キリストの復活を祝う日）はキリスト教において最大の祝祭だと思うが、それぞれ季節の変わり目である冬至と春分に近いのは偶然ではなく、そうだったからこそ、キリスト教の行事として定着したのではないかと感じるのである。

なぜなら、デンマークに住んでみると（他の高緯度地域に住んだことのある方もおわかりと思うが）、冬の暗さと寒さが人の精神状態におよぼす影響はやはり多大なものがある。デンマークはスウェーデンやノルウェーほどには緯度が高くないので、冬至でも昼が数時間はあるのだが、そもそも冬は天気が悪く、一日じゅう暗いことが多い。こんな所に住んでいると、なにかしら気晴らしが欲しくなるのは自然だろう。クリスマスのイルミネーションの美しさは、この長く暗い冬にあってこそ引き立つし感動的なのである。日本ではあまり感じないことだが、このように一年で最も昼が短くなる冬至のころに、クリスマスがほぼ重なるのは、キリストの誕生日が厳密にはいつであるかという問題以前に、人々の意識が冬至に近い十二月二十五日とさせたのだといえるのかもしれない。

また冬が終わり、昼の時間が夜の時間よりも長くなるころ、イースターがやってくる(イースター＝復活祭は文字どおり、十字架にかかって亡くなり、三日後によみがえったイエス・キリストの復活をお祝いする日)。生命の象徴である卵の飾りがいたるところでみられ、学校や仕事は休みになるから、ヨーロッパじゅうが行楽シーズンとなる。この時期、北欧では一日二十時間以上が夜の冬至のころから、逆に二十時間以上が昼の夏至の頃へと、ぐんぐん昼が長くなっていく。昼夜の時間の変化が日本など緯度の低い地域にくらべて急である。

長い冬の後にやってくる春という季節に、北欧ほど感動できる場所が他にあるだろうか? 三月や四月はまだそれほど暖かくはないけれども、あの光の明るさ、新緑・花々の美しさは、言葉につくせないほどであって、神々しい存在に感謝したくなるのもまた自然なことだろう。イースターというイベントがこの時期に重なるのも、キリスト教が受け入れられる大きな要素ではなかったかと想像するのである。

国教キリスト教とデンマーク

さて、デンマークではクリスマス以外にも、イースター(復活祭)、昇天祭、聖霊降臨祭の三つのキリスト教関連の祝日(休日)がある。

昇天祭は復活から四十日後のキリストの昇天を祝う。聖霊降臨祭はそのさらに十日後に、残された人たちに聖霊が舞い降りたことを祝う。復活祭、昇天祭、聖霊降臨祭はそれぞれ移動祝祭日で、毎年日付けが異なる。日本人がそうであるように、デンマーク人もこういった祝祭日の厳密な意味を理解しているとはあまり思えないが、それでもクリスマスやイースターは人々の生活に根づいている。

ではデンマーク人にとって、キリスト教とはどのような存在なのだろうか。人々の生活のうえでは、クリスマスやイースターが大きな「イベント」となっているけれども、信仰の対象としてのキリスト教は実際どういう状況にあるのか。デンマークや隣国ノルウェーは、キリスト教国のなかで最も人々が教会に行かない国だといわれる。私の友人も冗談っぽく、結婚式の時くらいしか行かないなどといっていた。

しかしながら、公の位置づけにおいて、デンマークのキリスト教は日本における仏教や神道のような宗教とは異なっている。デンマークでは、政府の省庁の一つに教会省があり、教会大臣が存在する。教会税というのもある。教会税の納税は強制ではなく、キリスト教徒が任意に支払う税金だが、デンマークでは九十％程度の国民が支払っている。また、英語でSunday observance（日曜休業法とでも訳すのだろうか）と呼ばれる法律もドイツなどと同様に存在するため、特に認められた商店以外は日曜日に営業できない。だから週末の買い物は土曜日の間にすませないといけない不便さもある。

そもそもデンマーク憲法では、福音ルーテル派キリスト教をデンマークの国教と定めており、デンマーク国王は国教徒でなければならない。もっとも、信教の自由は認められている。また、デンマークの義務教育には「キリスト教」という科目がある。信教の自由の見地からや、キリスト教以外の信仰を持つデンマーク人も増加している中では、キリスト教以外の宗教も取り上げて「宗教」という科目にするべきとの声もあるが、現在のところはデンマークの国民学校法によって、デンマークの宗教（キリスト教）が義務教育のカリキュラムとして教えられている。

この点について私は教育省の担当者に話を聞いたことがある。宗教教育は、個人の人生哲学や他者との関係といった面において、宗教という側面が重要なために行っているのだということだった。つまり、人間の存在や人生の意味といった問題について考える際に、キリスト教に限らず宗教が重要な手段だからということである。また、デンマークは他のヨーロッパ諸国と同様、千年以上にわたってキリスト教国であり、国民がデンマークで生きていく以上、キリスト教について学ぶことが不可欠だということもある。ヨーロッパの文化における最大のバックグラウンドはキリスト教なのである。

デンマークの国民学校は日本の小学校と中学校に相当し、九学年ある。デンマークでは多くの生徒が七年生になると、堅信礼（キリスト教徒になる儀式）を受けるため毎週教会へ通うので、七年生を除く全ての学年において、週に一、二時間、宗教教育の時間がある。

一、二年生には、生徒にキリスト教への興味を持たせるため、善と悪、自分の存在、人類の起源、死後の世界、聖書の重要なストーリー等を教える。三〜六年生には、キリスト教の歴史、各種祝祭、芸術、表象（シンボル）等について教える。八年生以降には、個人の価値観といった問題も含め、より哲学的な側面について触れる。すなわち、幸福とは何か、戦争とは何かといった問題から、宗教が歴史、文化、社会、政治へ与えた影響などにもおよぶ。また、キリスト教以外の宗教についても教え、生徒が他者の生活や人生観を学ぶ機会を与えている。さらにキリスト教が引き起こしてきた戦争など、宗教の負の側面についても教えているという。

これらの授業はキリスト教についての知識を細かく「教える」というものではなく、生徒が自然に抱くような疑問に答えたり、教師や生徒の間で話し合ったりすることが中心で、倫理やマナーについて学ぶようなものらしい。日本の「道徳」に近いのだろうか。生徒の理解度を評価するための試験もないそうである。

ちなみに、宗教教育のクラスを担当する教師は国語など他の教科も担当しているという。また、教える教師は決して宣教師ではないし、そうであってはならないとのことだった。国民学校法には生徒の申し出により、生徒は宗教教育を受けることを免除される規定もある。そして宗教教育を免除されても、生徒の評価等には不利益がおよぶことのないよう配慮されるという。

以上の話は教育省の担当者が「公式見解」を述べたものであって、デンマークではどのような教育を実施するかについての裁量権は各自治体がもつため、実際にはそう理想通りにはいかない面もあるのではないかと思うが、人々が教会にいかない国の割にはずいぶんしっかりとした教育理念を持つものだと感じた。

一方、日本では過去の教訓から、政教分離が憲法で規定され、この考え方が厳格に守られているように思う。「キリスト教民主党」などという名称の政党はヨーロッパの多くの国に存在し、政権も担当しているが、日本ではあからさまに政党が宗教色を出したり、政権を担うことには一般的にいって抵抗感がある。また、軍国主義の経験と戦後の経済発展至上主義のもとでは、宗教は非科学的で非合理的な慣習であり、社会の束縛であるとされてきた側面もあるように思う。昭和天皇が亡くなり、現在の天皇陛下が即位する際に行われた一連の儀式に対し、政教分離の原則に反するという議論もおこった。

しかしながら日本でも、その歴史や文化的な面で宗教が果たしてきた役割は計り知れないものがあるし、現代においても、冠婚葬祭だけでなく、先行きが不透明な時代に生きる人々の心の「よりどころ」としての役割が宗教にはあるだろう。人が人とは何かという疑問をもつ限り、人に生と死がある限り、宗教というものは存在し続けるだろうし、日本とは比較にならないほど、宗教というものが社会における規範として存在感をもつ国も多い。そう考えると、日本人にとっても宗教のもつ意味は大きいと思うのである。

デンマークのサッカーチームとローリガン

デンマークは二〇〇二年のワールドカップに出場し、決勝トーナメントにも進出したが、残念ながらベッカム引きいるイングランドに敗退した。あの夜、東京の六本木でベッカムのユニフォームを着てイングランドの勝利を喜ぶ日本人を見ながら内心とても残念に思った記憶がある。しかし、デンマークチームがキャンプ地和歌山の人々に与えた感動の大きさは、すべてのチームを上回るものだったのではないか。すべての練習をファンに公開し、選手も気軽にサインに応じ、「母国の食事でなければ口にあわない」というチームが多い中で宿泊地に食事の一切を任せて文句を言わなかったデンマークチーム。素朴で陽気なデンマーク人の気質はヨーロッパ諸国の間では友達にしたいナンバーワンだが、キャンプ地和歌山の人たちに示された心優しさは、それが私たち日本人にも通じることを示したのではないだろうか。

さて、やや時間をさかのぼり、二〇〇〇年五月、コペンハーゲンでＵＥＦＡ（欧州サッカー連盟）カップの決勝戦が開催された。カードはイングランドのアーセナル対トルコのガラタサライ。思えば二年間で最も危険な一日だった。悪名高きイギリスのフーリガンとトルコのサッカーファンがコペンハーゲンの街で争乱を起こしたのである。アーセナルのファンは比較的おとなしいという評判だったにも関わらず、私にフーリガンの極悪非道ぶりを知らしめてくれたのだった。

試合前日、コペンハーゲンの街にはサッカーのサポーターらしい服装をし、両国の国旗をもって歩く人々がすでに見られた。そういうことに疎い私は、通勤途中に彼らはいったい何なのだろう、楽しそうな人たちがいるなという程度にしか見ていなかった。しかし両国のサポーター同士の衝突は、その日すでに始まっており、テーブルやベンチがコペンハーゲン市街で宙を舞う様子がＣＮＮやＢＢＣで放送されたのである。刃物でけがをしたファンもいたようである。たかがサッカーでなぜそこまでやるのか、私には理解できなかった。デンマークの警察が催涙ガスを使用したのはこの時が史上初めてだったらしい。

ＵＥＦＡカップの決勝戦は第三国で開催されるという決まりのために、この試合がデンマークで開催されることになったということだが、とにかくデンマーク人にしてみれば正直なところ迷惑な話だっただろう。静かな街にあんな野蛮な人間が押し寄せてきたのを見て、外国人の私にもデンマークの人々が気の毒に感じられたほどである。試合の翌日、テーブルやイスの残骸やガラスの割られた商店のショーウィンドーをみれば、デンマーク人でなくても憤りを覚えただろう。

ところで、試合前日には十人のトルコ人が逮捕されたが、そのうち七人はデンマークに居住するトルコ人だったそうだ。デンマークに住むトルコ系の移民やその子孫は、デンマーク社会に適応できず、犯罪率も高い傾向があるため、デンマーク人の中に難民や移民に対する排他的な感情が高まっていた。こういう事件が積み重なることで、デンマーク人のなかには外国人（元来デンマーク人でない人たち）に対する反感というほど強いものではなくても、とにかく二〇〇一年秋の総選挙で難民や外国人の受け入れを制限する右派政党が勝利する背景が醸成されていったのだろう。

さて、暴力的なサッカーファンであるフーリガンに対してヴァイキングの末裔であるデンマークのサッカーファンは、楽しそうな観戦とマナーの良い応援でしられ、「ローリガン」とよばれる。「ローリ」とはデンマーク語で「静か」といった意味である。

フーリガンはただ騒ぎを起こすためだけに、相手チームのファンを襲ったり、競技場や商店を破壊する人たちのことだから、本来の「ファン」や「サポーター」とは違うのだろうが、とにかくサッカーをはけ口にして失業の不満や人種差別意識をぶつけたりする、階級社会イギリスの歪みのようなものを感じる。

一方、顔には国旗をペインティングし、ビールを片手に赤ら顔をして、国旗カラーの赤と白で埋めつくされたデンマーク人サポーターの一団は、「ローリ」というよりただ陽気に楽しんでいるといった感じで、迫力はあるけれども、フーリガンのような悲壮感や暴力的な感じはない。単純にデンマークが平等社会だからというわけではないとは思うが、実際、社会の不満をそこでぶつけようなどという意識は皆無なようで、そんなところにも国民性やお国柄の違いを見ることができるのである。

デンマークの長い橋と大きな島

ロイヤルコペンハーゲンの三本のブルーライン

ロイヤルコペンハーゲンの陶磁器には、縦に三本の波線のマークが描かれていることをご存知の方は多いと思うが、これが何を意味するかはあまり知られていないのではないか。この三本の波線は、デンマークを縦断する三つの海峡を表している。地図をご覧いただきたい。東から、コペンハーゲンのあるシェラン島とスウェーデンの間の「オーレスン」、シェラン島とフュン島の間の「ストアベルト」、そしてフュン島とユトランド半島の「リレベルト」である。ちなみに「ストア」は「大きい」、「リレ」は英語のlittleにあたる言葉で「小さい」、「ベルト」は英語と同じで「帯」という意味である。

この「ストアベルト」、すなわち大きい方の海峡にかかる橋がストアベルト橋で、神戸と淡路島の間にかかる世界最長の吊り橋である明石海峡大橋に次ぐ、世界第二位の長い橋である。明石海峡大橋の開通が一九九八年四月、ストアベルト橋の開通が一九九八年六月だから、ほんの二ヶ月ほど完成が早ければ、少しの間だけでも「世界一」の栄誉に輝けたはずなのがデンマーク人にとっては少々悔やまれるところかもしれない。

ストアベルト海峡は十八キロメートルの幅があり、そこにかかる橋も、正確には東側から六・八キロメートルの自動車専用道（「東橋」）、中央に島、西側に六・六キロメートルの鉄道・自動車併用橋（「西橋」）で

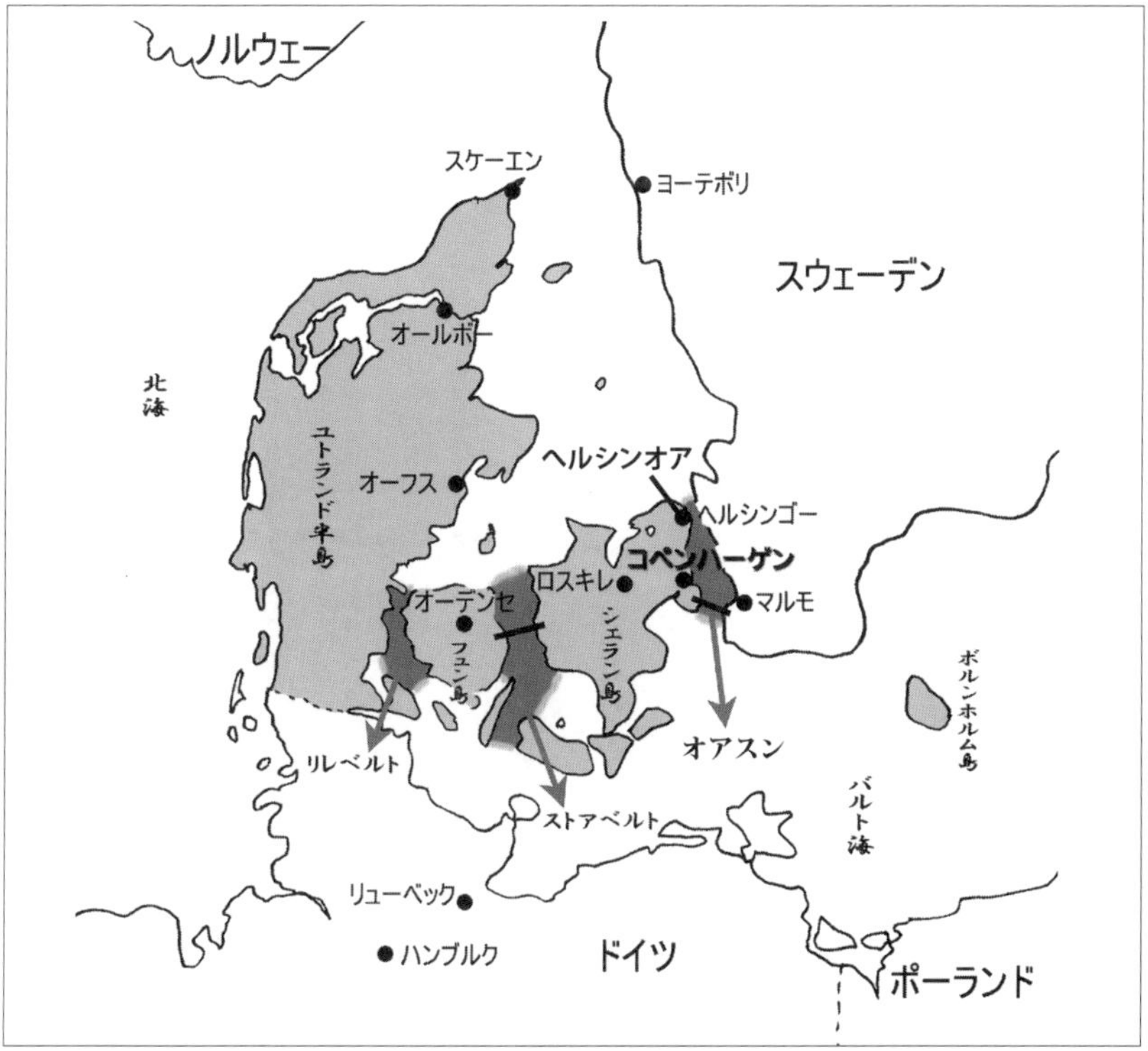

デンマークと３つの海峡

構成されている。西橋も鉄道と自動車の併用橋としてはヨーロッパ最長を誇る。東橋が世界第二位の吊り橋を含む橋である。ちなみに鉄道は吊り橋の上を走らず、東側はトンネルを通る。

ストアベルト橋は写真（次頁）でみるように、まるで海に浮いているようで、つり橋の長さだけなら明石海峡大橋におよばないものの、前後のアプローチ部分も含めた景観は圧倒的に壮観である。

一方、「オーレスン」にかかるのがオーレスン橋で、コペンハーゲンとスウェーデン側の対岸マルメを自動車道および鉄道でつなぐ。こちらも東側から、七・八キロメー

ストアベルト橋

トルの橋、中央に四キロメートルの長さの人工島、西側に三・五キロメートルの海底トンネルで構成されている。全長は約十六キロメートル。橋だけではなく、人工島とトンネルを含めて「オーレスン・リンク」と呼ぶのが適当である。ちなみに中央の人工島は「ペバーホルム」、ペッパー（コショウ）島と名付けられた。この北に「サルトホルム」、すなわち「塩島」という島があるためらしい。なかなかユーモアのある命名ではないか（ホルムはスウェーデン語で小島の意味がある）。

オーレスン・リンクわたりぞめ

オーレスン・リンクの開通は二〇〇〇年七月。デンマークのマルグレーテ二世女王とスウェーデンのカール・グスタフ国王が両国国境に立って開通式がとり行われた。その開通一ヶ月前の六月には、オーレスン橋をマラソン、自転車、ローラースケートやローラーブレードで渡ろうというイベントがあった。前述のようにオーレスン・リンクは自動車と鉄道専用の橋なので、開通後は人が歩いたり、自転車で通行することはできないから、この貴重な機会を逃すまいと、私は自転車でこのイベントに参加したのだった。

デンマーク側から出発すると、まず三・五キロメートルのトンネルを抜けなければならないが、そこを通過すると人工島の先に、美しいオーレスン橋が見えてきた。さわやかな北欧の六月の夏、デンマーク語、スウェーデン語、英語が飛びかう中、楽しいサイクリングであった。

スウェーデン側に到着したところでUターンし、デンマーク側へ帰国。全長十六キロメートルを渡りきり、三十二キロメートルを往復するとさすがにへとへとになったが、めでたくディプロマ（修了証？）を授与され終了。ところで、コペンハーゲン中心部の自宅まではさらに自転車で三十分かかるのだが、疲れはてた私はこれ以上自転車をこぐ気力もなかったので、通りがかりのタクシーを拾って帰宅したのだった。デンマークのタクシーは車輌の後部に自転車を取りつけられるのでこうしたときには便利である。

私は兵庫県南部の加古川市というところで育った。神戸の垂水や明石側から見える、明石海峡大橋の建設される様子は高校生くらいからだろうか、私の記憶に残っている。完成後は車を運転して実際に橋を渡ってみた。デンマークでは、デンマーク人の友人の車に乗って、ストアベルト橋も渡った。ストアベルト橋が明石海峡大橋に次いで世界で二番目に長い橋であることを紹介すると、そのことは友人も知っていて悔しがっていた。

二つの橋を比べると確かに橋自体は明石海峡大橋の方が大きい。また、明石海峡大橋がしっかりとした柱で支えられているように見えるのに対して、ストアベルト橋は、薄い板で全てが作られているように見える。そのためもあってか、スマートで優美な印象を受ける。オーレスン橋もストアベルト橋に似ている。日本では、明石海峡大橋以外にも、東京のレインボーブリッジなども本当に堅固な作りだとの印象を素人ながらに持つが、地震国ならではの必要性なのだろう。

ところでオーレスン・リンクの構造は、橋と人工島とトンネルを合わせて十六キロメートルだから、橋とトンネルを合わせて十五キロメートルの東京湾アクアラインと構造がよく似ている。しかしながら、オーレスン・リンクの建設費用は三千億円程度だったのに対して、東京湾アクアラインの方はその四倍以上の一兆四千四百億円もの費用がかかったために、日本の工事費用は高すぎる、税金の無駄使いではないかとの批判があった。

この点、そもそも海底の深さやトンネルの長さ、耐震性を持つ必要性等々の相違点を無視して単純比較するのは無理だとの日本道路公団の主張（アクアラインのホームページにくわしい）は、間違っていないだろう。そもそもデンマークとスウェーデンの間のオーレスン海峡を橋で結ぶなら、十六キロメートルもの海峡幅があるコペンハーゲンとマルメの間ではなく、もう少し北部、ヘルシンオアとヘルシンゴーの間（157頁地図参照）であれば海峡幅が四キロメートル程度なので、容易に思える。しかしながら、エルシノアとヘルシンゴー間の海峡の水深が数十メートルもあるのに対して、コペンハーゲン～マルメ間の海底は十メートル程度の水深であるため、建設が容易ということでこちら側に建設されたという経緯がある。他方、東京湾の水深は三十メートルもある。

グリーンランド、イルリサトの街並

そのため、費やした金額がただ多いからといって、そのことだけを単純に批判することはあまり意味がない。費用に対して効果をどれほど生んでいるかを判断することが重要である。
厳密な経済的分析など本書の趣旨ではないが、川崎と房総半島を結ぶアクアラインに比べて、オーレスン・リンクやグレートベルトは、デンマークを経てヨーロッパ大陸とスカンジナビアを結ぶ壮大なプロジェクトであり、経済的な効果もアクアラインより高いということはいえると思う。

グリーンランドとはどんなところか

デンマークは小国と自他共に認めるような国なのに、実は世界最大の領土を持つロシアを除けば、ヨーロッパで最大の国であるということをご存知だろうか？　これは、グリーンランドがデンマーク王国の一

グリーンランドの子ども達。どこか日本人にも似た感じ。

部であることを思い出していただければ、合点がいくだろう。

グリーンランドの広さは二百二十万平方キロメートル。デンマーク本土の広さが四万平方キロメートル程度だから、本土の五十五倍以上の広さがあるということになる。日本と比べても五倍以上もある世界最大の島である。島の八十五％以上が氷河で覆われており、人間が住んでいるのは海岸沿いのごく一部で人口は約五万五千人である。

私がグリーンランドを訪れたのは、二〇〇一年の七月から八月にかけてであった。グリーンランドはほぼ全域が北極圏にあるほど緯度が高いため、八月でも太陽は一時間ほど北の地平線に沈むだけで、完全な白夜ではないもののほぼ二十四時間明るく、夜はなかった。

夏のこの時期は天気がよく、日射しもまだ強いため、セーターを着て歩くと昼間は暑いくらいだが、夜はジャンパーなど上着がないとさすがに冷えた。とくに氷山や鯨を見るために船に乗って海に出ると、八月とはいえ日本の真冬並の服装をしても長時間はつらいものがあった。

コペンハーゲンにはパリやロンドンほどではないけれど、日本人観光客がいるしロイヤル・コペンハーゲンの本店にいけば日本人の店員もいる。けれどもグリーンランドとなると、さすがに日本人観光客にはお目にかかれなかった。ところが、グリーンランド人は人種的にはイヌイットや、イヌイットとデンマークやノルウェーとの混血が多い。つまり白人ではなく、アジア系と似た感じの人たちであるため、日本人にも見た目が似ている。おかげでグリーンランド語（イヌイット語にデンマーク語の単語を混ぜた言葉で、グリーンランドの公用語）で話しかけられるということが何度かあった。デンマーク人を含め白人の観光客は多いけれども、アジア人の観光客はあまりいないから、グリーンランド人と勘違いされたのだろう。

グリーンランド今昔

それでは、なぜグリーンランドがデンマークの一部なのか？　そもそもグリーンランドにヨーロッパ人が植民を始めたのはヴァイキング時代の十世紀頃のことらしく、十三世紀にはノルウェーの一部となった。十四世紀にノルウェーがデンマークの支配下に置かれたのにともない、グリーンランドもデンマーク領となった。一九三一年、ノルウェーは東部グリーンランドとその漁業権が自国の主権のもとにあると主張し、当時オランダのハーグにあった常設国際司法裁判所においてデンマークと争うことになった。判決は一九三三年四月に下され、その結果デンマークへの帰属が確定したのである。領土紛争を戦争ではなく、国際司法機関の判断にゆだねるというのも、北欧の国らしいところである。

なお、第二次世界大戦中、ナチスドイツがデンマークを占領した際、グリーンランドは米国の保護下に置かれ、その北部、チューレに米軍の観測所や空軍基地が置おかれると、デンマークに復帰した後もこれらの米軍施設は維持された。グリーンランド北部のチューレ米軍基地に建設されたソ連からのミサイルを捕捉するためのレーダー施設は、冷戦時代において、非常に重要な軍事的役割を担っていたが、今日でも米国の新たなミサイル防衛計画の一翼を担う存在になるといわれている。政治的・外交的にはデンマークが米国の意向に沿わざるを得ないとしても、一応デンマーク領内にある基地をどのように使用するかについては、デンマーク側の了解が必要だというのが両国間の条約の規定である。

また、現在でもグリーンランド経済の一％程度は米軍基地に依存しており、基地の敷地から追い出されたグリーンランド人に対する賠償問題も存在（二〇〇〇年に決着）したというから、日本の沖縄にも似た状況があるようだ。

とにかく、その地政学上の位置と歴史的経緯によって、国際政治上もちょっとした存在感のあるグリーンランドであるが、当のグリーンランド人たちは、主に水産業で生計を立てており、鯨やアザラシなどを捕獲して生活している。環境保護意識の高まる昨今、毛皮のコートなどはあまり見かけなくなったが、コペンハーゲンでは意外と平気で着ている人が多い。アザラシの肉を食べ、毛皮を加工していろいろな製品にするというグリーンランド原住民の伝統文化を保護・育成するという大義名分があるためである。

同様に、グリーンランドは独自の捕鯨文化を有する地域であり、その存在によって、デンマークは国際社会で捕鯨に理解を示す数少ない国の一つである（原住民生存捕鯨は国際的に認められている）。かつてグリーンピース等がグリーンランドのアザラシ捕獲禁止運動を展開した際に、デンマーク政府は原住民を守りきれなかったことがあり、捕鯨に関しては道義的にも保護する義務があると感じているそうだ。

もっとも、一九九四年にＩＷＣ（国際捕鯨連盟）において採択された南氷洋サンクチュアリー提案について、デンマークは米国やＥＵの圧力に屈し賛成するということもあった。このように、安全保障をＮＡＴＯ（北大西洋条約機構）、すなわち米国に依存している小国デンマークの国際政治力には限界があるのだが、日本やノルウェーが求める商業捕鯨を、原住民生存捕鯨を守るための盾と考えているデンマークは、日本の伝統文化としての捕鯨に理解を示してくれる数少ない存在なのである。

ともあれ、そのグリーンランドで私は初めて自然に生きる鯨を見たが、鯨という生き物のスケールの大きさと、その生命を育む海の偉大さを改めて感じた次第である。

鯨がいるということは、その餌となる魚も多いということである。そのためグリーンランドでは漁業がさかんで、食事も魚料理が多い。ただし、薫製にした魚が多く、日本人としては刺身をわさび醤油でいただきたいと思ったものだが、わざわざグリーンランドにそんなものは持ってきておらず、入手もできない。クジラは小学生のころ、給食等で食べたような記憶もあるのだが、あらためてグリーンランドで食べてみると、調理法のためもあるのか正直なところそれほどおいしいとは思わなかった。

魚のほかには、トナカイ、ジャコウ牛などもレストランで楽しめる。トナカイも特においしいと言える

グリーンランドの氷山。スケールの大きさに圧倒される。

ほどのものではなかったが、ジャコウ牛はラムに近い。ラムの好きな人はぜひグリーンランドで試してはいかがだろう。

ホテルやレストランの食事で困ったことは、野菜が少ないことだった。そもそも植物などほとんど育たない土地だから仕方がない。ホテルの朝食も毎日パンとチーズ、脂肪たっぷりのハムにコーヒーといった感じだから、長期間滞在する場合は、ビタミン剤を持参したり、スーパーで野菜や果物を購入して補給するといった対応が不可欠である。そうしないと私のように口内炎ができたり便秘になったりしてしまう。スーパーマーケットではデンマークからの輸入ものが手に入る。イチゴやバナナもあった。

グリーンランドの自然

さて、グリーンランドにまで旅行に行って鯨を見る以外に何を観光すればよいのか。冬にはウィンタースポーツや犬ぞりといった楽しみもあるらしいが、やはり寒いので行くなら夏だろう。とにかく沈まない太陽、巨大な氷山が町のすぐ近くに浮いているという非日常的な風景を目の当たりにすると、いかに自分の世界が狭かったのかと思わずにはいられない。思えばあのタイタニック号が衝突した氷山も、このグリーンランドで生まれたのである。遠くから見れば美しい氷山も、近くでみるとあまりの巨大さと、さらに氷山の一角という言葉どおりに、水面下にこの十倍の大きさの氷が存在するのかと思うと気が遠くなるような壮大さである。氷山の割れて崩れるさまも圧巻だ。ズッドーンという音が、どこまでも響きわたる。

壮大さとはまた異なる、自然の見せる何ともいえない美しさもある。氷山の天辺が日光で溶けると、そこには水たまりができる。この水たまり、酸素を豊富に含むので特殊なブルーになるのである。これをヘリコプターや飛行機にのって上空から見ると、白い氷にブルーのコントラストが、この世のものとは思えないくらいに美しいのである。あるタバコ会社が、テレビのCMにこの美しい映像を使おうと、わざわざグリーンランドに撮影に来たこともあるというくらいだ。

また、グリーンランドはデンマークの一部なのに、EUに参加していない。これはグリーンランドがデンマークの自治領で、外交以外は自治政府が統治しているためである。そのような理由から、EU居住者は、グリーンランドでタックスフリーショッピングが楽しめる。アザラシの毛皮を買いたいヨーロッパ駐在員の奥様方には耳よりな情報かもしれない。しかしデンマークはユーロに参加していないので、グリーンランドでもデンマーク・クローネで支払う。

とにかく夏の間、グリーンランドでは、沈まない太陽やクジラを見るガイドツアーがたくさんあるので初めてでも存分に楽しめる。これらのツアーは大抵デンマーク本土から夏の間だけやってくるアルバイトがガイドをしており、デンマーク人観光客にはもちろんデンマーク語で、他のスウェーデンやドイツ、オランダ人などには英語やドイツ語でガイドするのである。グリーンランド人の現地ガイドもいるのだが、グリーンランド人はそれほど英語がうまくないため、外国人はデンマーク本土からのガイドが担当することが多いのだと思う。

ところでグリーンランド語は、文字こそアルファベットを使うがイヌイットの言葉である。ヨーロッパ言語とはまったく関係がない。しかしデンマークの一部であり、人口も五万人程度しかいないため、スーパーで売っているものはデンマーク製のものばかりだし、電機製品だってデンマーク仕様、パソコンだってデンマーク語バージョンになってしまう。そういうわけでグリーランド人もデンマーク語ができなければ現代的な生活はできない（デンマーク語もグリーンランドの公用語になっている）。ただでさえ世界で最も発音が難しいとされるデンマーク語を学ばなければならないのは、少し気の毒な気もするのだった。

あとがき

私がデンマーク在勤を終え、帰国したのは二〇〇一年九月である。デンマークについて、自分が感じたままを書きつらねるつもりだったものの、一国について考えることは、自分の祖国についても改めて考えることにもなって、日本が、政治、経済、社会のあらゆる側面で閉塞感に陥っている現在、デンマークという国が印象的に思い出された。

普段、私たち日本人は、デンマークという存在になかなか気づかないし、見過ごしがちである。しかしながら、自分たちの国をこれほど愛する国民が、これほどくつろいで自分たちの生活を楽しんでいる国民が世界の他の国にどれほどいるだろう。

帰国時成田空港に降りた都心に向う際に感じたギャップは、三年前にデンマークで外国に暮らし始めた時のカルチャーショックよりも大きかったかもしれない。満員電車の中の静けさと緊張、四角く灰色な街の風景、礼儀や形式を重んじる一方で、個人を尊重しない社会の人間関係など、デンマークでの二年の間に忘れていた現実に、自分は祖国に戻ってくるべきではなかったのではないかとさえ考えた。結局は日本人だから、もとの生活になじんでいくのだが、それでもデンマークから帰国して、日本で生きていけるだろうかと一瞬悩む日本人は少なくないようである。なぜ日本人でありながら、デンマークから帰国するとそんな風に感じるのか、それは本書において可能な限り表現したつもりである。

最後になりましたが、本書を執筆するにあたり、デンマーク滞在中および帰国後、多くの方々にお世話になりました。特に在デンマーク日本大使館でご一緒に働かせていただいた飯野建郎公使、藤田順三参事

コペンハーゲンの南、ドラウアーにて

官、松本知子書記官、松村慎一書記官（肩書きは当時のもの）、皆様方には事実の確認等に種々お手を煩わせることになりました。改めてお礼申し上げます。また、在デンマーク日本大使館への赴任に際しては慶應義塾大学の田中俊郎教授および折田正樹・駐デンマーク日本国大使に大変お世話になりました。また、二年間の貴重な経験をさせていただいた日本商工会議所の方々や外務省の方々、コペンハーゲンでの生活を物心両面で支えてくれた友人諸氏にも感謝しています。さらに、（有）ビネバル出版代表取締役の山中典夫氏にはこのような拙書の出版を快く引き受けていただき、感謝のしようもありません。

最後に、この本を、何よりも私の人生でお世話になった両親に感謝の意を込めて捧げます。

二〇〇三年三月　　寺田和弘

再刊行にあたって

二〇代に体験したデンマークで感じたことを、今思えば深い考察もなく綴っただけの文章が、改めて世に出されることにどれほどの意味があるだろうと、躊躇がないわけではありません。しかし、デンマークについては家具などの美しいデザインのみならず、国のあり方や、社会制度や政策、そこから生まれるビジネスなどが、日本においてますます注目されています。デンマークが「世界で最も幸福な国」であると様々な国際的な調査で示されており、その理由を知りたいという意識も高まっています。本書では、「幸福度」がなぜデンマークで高いのかについて専門的な分析をしているわけではありませんが、読者の方から、デンマークの幸福感が伝わってくるといった感想をいただくことがありました。

本書を出版して十余年、東京にあるデンマーク大使館に勤務しながら日本とデンマークの外交関係一五〇周年を迎えることとなり、両国政府が開催する記念事業の一つとして、本書でも取り上げたスケーエン派の名画を日本でも紹介できないかとダムスゴー前駐日デンマーク大使に提案したところ、関係各位のご尽力のおかげでこれが実現し、東京・国立西洋美術館での展覧会のオープニングには、皇太子殿下・同妃殿下もご臨席下さり、多くの方々に実際にスケーエン派の名画に接していただけたことを大変うれしく感じます。

デンマークはなぜ幸せなのか。例えば充実した福祉にこれまで多くの日本の人たちが注目してきました。デンマークの高齢者住宅などを視察された方も多いでしょう。介護が必要な人たちにオーダーメイドの手厚いサポートが提供されているのを見て、驚きや羨望の感情を抱いた日本人も多かったのではないでしょうか。こうした手厚い福祉は、当然、多くの費用を要します。それは、重い税負担によって賄われています。

一般的なデンマーク人は、所得の半分近くを所得税として支払います。消費税は二五％です。これほどの重税をなぜデンマークでは導入できたのか。つまりデンマーク国民の声を代表するデンマークの国会議員が増税に賛成することができたのはなぜなのか。そう考えると、デンマークでは国会議員はどのように選ばれるのか、国民がどういう意識で自分たちの代表を選んでいるのか、疑問が連鎖します。デンマーク人が社会や人間関係をどうとらえているかという疑問も生まれます。そこには教育も影響しているでしょう。そもそもデンマーク人が育つ家庭の親子関係はどうなっているのか。そうした疑問の一つ一つを探ると、私たちが意識していない日本が見えてきます。

日本は、デンマークの真似をする必要はなく、日本に合ったやり方で、私たち自身の幸福を追求すればいいでしょう。残念ながら国際比較では幸福度がそれほど高くない日本は、もっともっと幸せになれる伸びしろがあるということです。その際に、デンマークは、私たち自身が日本を見るための一つの物差しを提供してくれます。日本と同じく、海洋国家であり、立憲君主国家であり、自然を大切にし、しかし高齢化社会に直面するデンマークだからこそ、物差しになり得るのではないでしょうか。本書がデンマークへの関心を高めるきっかけになれば幸いです。

二〇一八年十一月

寺田和弘

● **著者紹介**

寺田和弘（てらだ　かずひろ）

1973年神戸市生まれ。慶應義塾大学商学部および法学部卒。日本商工会議所、在デンマーク日本大使館、参議院議員および衆議院議員政策担当秘書を経て、2014年よりデンマーク大使館上席政治経済担当官および NPO法人 EMA日本理事長。

コペンハーゲンの街角から　新装版

2020年2月25日　第2刷発行

著　者：寺田和弘

発行人：山中典夫

発　行　（有）ビネバル出版

〒162-0813 東京都新宿区東五軒町2-11-201
電話 03-5261-8899　FAX 03-5261-0025

印刷・製本　（有）タチカワ印刷
